S. MARTIN, Évêq. de Tours, Nov.

Quiconque s'est exposé pour l'amour de Dieu aux tourments et à la mort, a souffert tout ce qu'il vouloit souffrir. S. Cyprien.

ORAISON

O Dieu, qui voyez que de nous-même nous ne pouvons rien, faites que par l'intercession du B. Martin, votre Confesseur et Pontife, nous puissions surmonter toutes les afflictions de cette vie. Par &c.

Priez pour les Évêques.

OFFICE
DE
SAINT MARTIN
ARCHEVESQUE
DE TOURS,

TIRE' DE L'ECRITURE SAINTE,

Selon l'usage du Breviaire de Sens, traduit en François pour l'utilité des peuples : Avec des Notes pour l'intelligence de tous les passages qui y sont employés, par rapport aux plus belles actions de ce Saint, extraites des plus célébres Auteurs de sa Vie.

A PARIS,

Chez GUILLAUME DESPREZ, Impr. & Lib. Ord. du Roi, & JEAN-BAPT. DESESSARTZ, Lib. ruë S. Jacques, à S. Prosper & aux trois Vertus.

M. DCCXII.
Avec Privilege du Roy.

OFFICE
DE
SAINT MARTIN
ARCHEVESQUE DE TOURS.

*AUX PREMIERES VESPRES
les Pseaumes de la Ferie.*

O Dieu, venez à mon aide.

Hâtez-vous, Seigneur, de me secourir.

Gloire soit au Pére, au Fils, & au Saint Esprit, comme elle étoit au commencement, comme elle est

D Eus in adjutorium meum intende.

Domine ad adjuvandum me festina.

Gloria Patri, & Filio, & Spiritui Sancto; sicut erat in principio, & nunc & semper, & in

A ij

sécula séculorum.
Amen. Alleluia.

maintenant, & comme elle sera toûjours dans les siécles des siécles. Ainsi soit-il. Loüez le Seigneur.

Antiennes.

Dicite quis sit iste, quæ etiam sit virtus ejus? quoniam noluit sequi deos Patrum suorum. Judith. c. 5. 37.

Dites-nous quel est cet Homme-cy, & quelle est sa vertu, puisqu'il n'a pas voulu suivre les dieux de ses Péres?

Saint Martin étant né de parens idolâtres, bien loin de suivre le culte de leurs idoles, faisoit dés son bas âge tout ce qu'auroient pû faire les plus zélés Catholiques.

Hic fugiebat consortia omnium, pergebat ad Templum, ibi adorabat Dominum, & his similia puerulus observabat. Tob. 1. 5. 6.

Il fuyoit la compagnie de tous les autres, il alloit au Temple, où il adoroit le Seigneur, & observoit ces choses & d'autres semblables lorsqu'il n'étoit encore qu'enfant.

Il ne respiroit que le service de Dieu, & sembloit n'être animé que de son Esprit. Il se fit Cathécumene n'étant encore âgé que de dix ans.

DE SAINT MARTIN.

ETant à la guerre dés sa jeunesse, il n'abandonna point la voye de la vérité, en sorte qu'il distribuoit tout ce qu'il pouvoit avoir. 1. Reg. 17. 33. Tob. 1. 2. 3.

VIr autem bellator ab adolescentiâ viam tamen veritatis non deseruit, ita ut omnia quæ habere poterat impertiret.

Etant contraint à l'âge de quinze ans de servir dans les troupes de l'Empereur en qualité de Cavalier, il se préserva des vices presque inseparables de cet état, & y pratiqua même en toutes occasions les œuvres de Piété & de Charité envers Dieu & les Pauvres.

UN homme le prioit de lui faire quelqu'aumône, mais lui, arrétant sa vûë sur ce pauvre, il lui dit: Je n'ay ni or, ni argent, mais ce que j'ay, je vous le donne.

ROgabat quidam ut eleemosynam acciperet; intuens autem in eum dixit, argentum & aurum non est mihi, quod autem habeo hoc tibi do. Act. 3. 3. 4. 6.

On en peut juger par l'action mémorable qu'il fit à la porte d'Amiens, où ayant à la rencontre un Pauvre tout nud, au plus fort de l'hyver, auquel il ne sçavoit que donner pour soulager sa misere, sans délibérer sur ce qu'il feroit.

A iij

OFFICE

A l'usage du Breviaire de Rome & de Paris, on dit les quatre premiers Pseaumes des secondes Vespres, & le Pseaume suivant.

PSEAUME 116.

Laudate Dominum omnes gentes : laudate eum omnes populi.

Quoniam confirmata est super nos misericordia ejus : & veritas Domini manet in æternum.

Gloria Patri, & Filio, &c.

Nations, loüez toutes le Seigneur; peuples loüez-le tous.

Parce que sa miséricorde est affermie sur nous, & que la vérité du Seigneur demeure éternellement.

Gloire soit au Pére, & au Fils, &c.

ANTIENNE.

Apprehendensque pallium quo coopertus erat, scidit, & ait ad eum; tolle tibi scissuram. 3. Reg. 11. 30.

Et prenant le manteau qu'il avoit sur lui, il le coupa, & lui dit : Prenez cette moitié pour vous.

Il tira son épée, & coupa sa casaque en deux, dont il donna la moitié à ce Pauvre mendiant.

CAPITULE.

UN Fils qui voyant tous les crimes de son Pere, se garde bien de l'imiter ; qui ne léve point ses yeux vers les idoles ; qui donne de son pain au pauvre, & qui habille celui qui est nud, celui-là ne mourra point dans l'iniquité de son Pere, mais il vivra tres-certainement.

Rendons graces à Dieu.

FIlius qui videns omnia peccata patris sui, & non fecerit simile eis; oculos suos non levaverit ad idola, panem suum esurienti dederit, & nudum operuerit vestimento; hic non morietur in iniquitate patris sui, sed vitâ vivet.

Deo gratias.

RE'PONS.

LOrsque Dieu me redemandera compte de ma vie, que lui répondray-je ? Je lui répondray que je n'ay pas refusé aux pauvres ce qu'ils vouloient, & que je n'ay pas né-

CUm quasierit Deus, quid respondebo illi ? non negavi quod volebant pauperibus, nec despexi pereuntem, eò quòd non haberet indumentum, & * Absque operimen-

to pauperem. Job. 31. 14. 16. 19.

gligé de secourir celui qui n'ayant point d'habits mouroit de froid, ni le pauvre qui étoit sans vétement.

℣. *Tunc dicet Rex: Venite benedicti Patris mei, possidete paratum vobis regnum, nudus eram, & cooperuistis me.* Matth. 25. 24. 36.

℣. Alors le Roi dira : Venez vous qui êtes bénis de mon Pére, possedez le Royaume qui vous a été préparé, car j'ay été nud, & vous m'avez revêtu.

* *Absque. Gloria Patri, & Filio, & Spiritui Sancto.*
* *Absque.*

* Pauvre. Gloire soit au Pére, au Fils, & au Saint Esprit.

HYMNE. Santeüil.

ECquis ardentes rapitur per auras ?
Iste quis pauper petit astra dives ?

QUel est ce Pauvre heureux si digne de loüanges ?
Qu'il est grand ! qu'il est riche élevé dans les airs !

Cœlites plaudunt, comitemur hymnis

Astra petentem.

Son triomphe est au Ciel applaudi par les Anges,

Suivons-le par nos airs.

DE SAINT MARTIN.

La guerre fut d'abord son premier éxercice,	*Flore sub primo juvenilis ævi*
Se trouvant enrôlé par l'ordre des Césars;	*Cæsarum jussu tulit arma miles;*
Mais bien-tost on le vit de ta sainte Milice Suivre les étendars.	*Moxque deponet, tibi Christe, nomen Tyro professus.*
Au milieu des fureurs d'une insigne cohorte, Exerçant un métier fatal aux jeunes cœurs,	*Non furor belli benè Christianum Pectus infregit: pius inter arma*
Dans une intégrité digne du Nom qu'il porte, Il cóserve ses mœurs.	*Integros servat, semel obligato Nomine, mores.*
Tout indigent qu'il est, son amour lui dérobe Son propre vétement qu'il donne au pauvre nû;	*Pauperi pauper malè membra nudo Dividit vestem, mediâque Christus*
La nuit suivante il voit de cette même Robe JESUS-CHRIST revétu.	*Obtulit sese tunicâ micantem Nocte sequenti.*

Fonte lustratur: meliore testes	Pour le suivre aussi-tost renonçant à l'armée,
Se Sacramento vovet inter aras:	Il reçoit avec foy les salutaires eaux ;
Induit Christum simul ac prophana Exuit arma.	Et de cette vertu sa belle Ame animée, Le destine aux travaux.
Hinc capit vires, velit Imperator,	C'est de-là que te vient ce courage admirable
Solus adversos penetrabit hostes,	De vouloir renverser, si l'on te l'eust permis,
Una Crux Christi velut umbo tela	Avec la seule Croix une armée effroyable
Omnia contra.	De cent mille ennemis.
Ut novus miles nova bella tentat,	A s'armer contre soy le Saint Soldat s'apprête,
Sævit in sese, sibi factus hostis,	Il se fait de soy-mê-me un ennemi nouveau,
Unde majores sibi pollicetur Ferre triumphos.	Et se promet déja de sa propre conquête, Un triomphe plus beau.

DE SAINT MARTIN.

Fils du Pére éternel, sa splendeur, son Image,
Que l'Univers soumis te rende des honneurs,
Jesus, qui par l'Esprit, à qui tout doit hommage,
Oingts tes sages Pasteurs.
Ainsi soit-il.

℣. Seigneur, vous m'avez protégé.

℞. Dans les armées.

Luminis splendor, Patris una Proles,
Christe, te pronus veneretur orbis,
Qui Sacerdotes per Amoris almi,
Flamen inungis.
Amen.

℣. Obumbrasti Domine, super caput meum.

℞. In die belli. Ps. 139. 8.

Le Cantique Magnificat, &c. *comme aux premieres Vespres cy-aprés.*

ANTIENNE.

Lorsque vous verrez un homme nud, revétez-le, & ne méprisez point vôtre chair; alors vôtre justice marchera devant vous, & la gloire du Seigneur vous protégera.

Cum videris nudum, operi eum, & carnem tuam ne despexeris: tunc anteibit faciem tuam justitia tua, & gloria Domini colliget te. Is. 58. 7. 8.

OFFICE

COLLECTE.

EXaudi, Domine, Populum tuum, tota tibi mente subditum, & beati Martini Pontificis supplicatione custodi, ut corpore & corde protectus, quod piè credidit appetat, & quod justè sperat, obtineat. Per Dominum nostrum Jesum Christum Filium tuum, qui tecum vivit & regnat in unitate Spiritus Sancti Deus. Per omnia secula seculorum. Amen.

EXaucez, s'il vous plaist, Seigneur, les vœux de vôtre Peuple, prosterné en toute humilité devant vous, & le préservez de tous maux par l'intercession du bien-heureux Pontife Saint Martin, afin que soûtenu de vôtre grace toute puissante dans ses besoins spirituels & corporels, il ne cesse de désirer l'objet de sa piété & de sa foy, & obtienne enfin de vôtre bonté l'effet de ses justes demandes. Par nôtre Seigneur JESUS-CHRIST, vôtre Fils, qui étant Dieu, vit & régne avec vous en l'unité du Saint Esprit, par tous les siécles des siécles. Ainsi soit-il.

A COMPLIES.

S. Martin ayant mis toûjours sa confiance en Dieu qui le protégeoit d'une maniere toute visible, ne manqua pas d'être puissamment attaqué par le démon; mais qu'elles victoires ce Saint ne remporta-t'il pas sur ce malin esprit dans toutes les occasions ? Chacun sçait comme il le chassa vigoureusement d'auprés de lui, lorsqu'il lui apparut pour jetter son Ame dans le trouble aux derniers momens de sa vie.

Convertissez-nous, ô Dieu, qui êtes nôtre salut.

Et détournez vôtre indignation de dessus nous.

O Dieu, venez à mon aide.

Hâtez-vous, Seigneur, de me secourir.

Gloire soit au Pére, &c.

Converte nos Deus salutaris noster.

Et averte iram tuam à nobis. Ps. 84. 4.

Deus in adjutorium meum intende.

Domine ad adjuvandum me festina.

Gloria Patri, &c.

PSEAUME 4.

Dieu qui est le principe de ma justice, m'a exaucé dans le tems que je

Cum invocarem exaudivit me Deus justitiæ meæ: in tribulatione dila-

tasti mihi.

Miserere mei, & exaudi orationem meam.

Filii hominum, usquequò gravi corde ? Ut quid diligitis vanitatem, & quæritis mendacium ?

Et scitote quoniam mirificavit Dominus Sanctum suum: Dominus exaudiet me cùm clamavero ad eum.

Irascimini, & nolite peccare: quæ dicitis in cordibus vestris, in cubilibus vestris compungimini.

l'invoquois. Lorsque j'étois *resserré* dans l'affliction, vous m'avés *mon Dieu*, dilaté le cœur.

Ayez pitié de moi; & exaucez ma prière.

Jusqu'à quand, ô enfans des hommes, aurez-vous le cœur appesanti ? Pourquoi aimez-vous la vanité, & cherchez-vous le mensonge ?

Sachez donc que c'est le Seigneur qui a rempli son Saint d'une gloire admirable. Le Seigneur m'exaucera quand j'aurai crié vers lui.

Mettez-vous en colere ; mais gardez-vous de pécher. Soyez touchez de componction dans *le repos de* vos lits, sur les choses que vous méditez *contre moi* au

DE SAINT MARTIN.

fond de vos cœurs.

Offrez à Dieu un sacrifice de justice, & espérez au Seigneur. Plusieurs disent : Qui nous fera voir les biens *que l'on nous promet* ?

La lumiére de vôtre visage est gravée sur nous, Seigneur. Vous avez fait naître la joye dans mon cœur.

Il se sont accrus & enrichis par l'abondance de leurs fruits, de leur vin, & de leur huile.

Mais pour moi je dormirai en paix, & je joüirai d'un parfait repos :

Parce que vous m'avez, Seigneur, affermi d'une maniere toute singuliere dans l'esperance.

Gloire soit au Pére, &c.

Sacrificate sacrificium justitiæ, & sperate in Domino : multi dicunt : Quis ostendit nobis bona ?

Signatum est super nos lumen vultûs tui, Domine : dedisti lætitiam in corde meo.

A fructu frumenti, vini, & olei sui, multiplicati sunt.

In pace in idipsum : dormiam, & requiescam :

Quoniam tu Domine, singulariter in spe : constituisti me.

Gloria Patri, &c.

OFFICE

A l'usage de Rome & de Paris l'on dit le Pseaume suivant.

PSEAUME 30.

IN te, Domine, speravi, non confundar in æternum: in justitia tua libera me.

C'Est en vous, Seigneur, que j'ai esperé, ne permettez pas que je sois confondu pour jamais : délivrez-moi selon vôtre justice.

Inclina ad me aurem tuam; accelera ut eruas me.

Rendez vôtre oreille attentive à mes prieres ; hâtez-vous de me retirer *de ce danger.*

Esto mihi in Deum protectorem, & in domum refugii ; ut salvum me facias.

Que je trouve en vous un Dieu qui soit mon protecteur & un asyle assuré, afin que vous me sauviez.

Quoniam fortitudo mea, & refugium meum es tu ; & propter nomen tuum deduces me, & enutries me.

Parce que vous êtes ma force & mon refuge ; & à cause de vôtre nom vous me conduirez & me nourrirez.

Educes me de laqueo hoc quem absconderunt mihi :

Vous me tirerez de ce piége qu'ils m'avoient caché, parce

DE SAINT MARTIN. 17

que vous êtes mon protecteur.

Je recommande & remets mon ame entre vos mains ; vous m'avez *déja* racheté, Seigneur, Dieu de vérité.

Gloire soit au Pere, &c.

quoniam tu es protector meus.

In manus tuas commendo spiritum meum: redemisti me, Domine, Deus veritatis.

Gloria Patri, &c.

PSEAUME 90.

CElui qui demeure *ferme* sous l'assistance du Très-haut, se reposera *sûrement* sous la protection du Dieu du Ciel.

Il dira au Seigneur: Vous êtes mon défenseur & mon refuge : il est mon Dieu, & j'espérerai en lui :

Parce qu'il m'a délivré luy-même du piége des chasseurs, & de la parole âpre *& piquante.*

QUi habitat in adjutorio Altissimi, in protectione Dei cœli commorabitur.

Dicet Domino: Susceptor meus es tu, & refugium meum, Deus meus sperabo in eum:

Quoniam ipse liberavit me de laqueo venantium, & à verbo aspero.

B iij

Scapulis suis obumbrabit tibi: & sub pennis ejus sperabis.

Il vous mettra comme à l'ombre sous ses épaules ; & vous espérerez ainsi sous ses aîles.

Scuto circundabit te veritas ejus: non timebis à timore nocturno.

Sa verité vous environnera comme un bouclier ; vous ne craindrez rien de tout ce qui effraye durant la nuit :

A sagitta volante in die, à negotio perambulante in tenebris ; ab incursu, & dæmonio meridiano.

Ni la fléche qui vole durant le jour, ni les maux que l'on prépare dans les ténébres ; ni les attaques du démon du midi.

Cadent à latere tuo mille, & decem millia à dextris tuis: ad te autem non appropinquabit.

Mille tomberont à vôtre côté, & dix mille à vôtre droite : mais *la mort* n'approchera point de vous.

Veruntamen oculis tuis considerabis: & retributionem peccatorum videbis.

Et même vous contemplerez, & vous verrez de vos yeux le châtiment des pécheurs.

Quoniam tu es Do-

Parce que *vous avez*

dit au Seigneur: Vous étes mon espérance, & que vous avez choisi le Très-haut pour vôtre refuge.

Le mal ne viendra point jusqu'à vous; & les fléaux n'approcheront point de vôtre tente:

Parce qu'il a commandé à ses Anges de vous garder dans toutes vos voyes.

Ils vous porteront dans leurs mains; depeur que vous ne heurtiez vôtre pied contre la pierre.

Vous marcherez sur l'aspic & sur le basilic; & vous foulerez aux pieds le lion & le dragon.

Parce qu'il a espéré en moi, *dit Dieu*, je le délivrerai; je serai son protecteur, parce qu'il a connu mon Nom.

mine, spes mea, Altissimum posuisti refugium tuum.

Non accedet ad te malum: & flagellum non appropinquabit tabernaculo tuo.

Quoniam Angelis suis mandavit de te: ut custodiant te in omnibus viis tuis.

In manibus portabunt te; ne fortè offendas ad lapidem pedem tuum.

Super aspidem & basiliscum ambulabis: & conculcabis leonem & draconem.

Quoniam in me speravit liberabo eum: protegam eum, quoniam cognovit nomen meum.

Clamabit ad me, & ego exaudiam eum: cum ipso sum in tribulatione; eripiam eum & glorificabo eum.

Il criera vers moi, & je l'exaucerai; je suis avec lui dans le tems de l'affliction; je le sauverai & je le comblerai de gloire.

Longitudine dierum replebo eum; & ostendam illi salutare meum.

Je le comblerai de jours; & je lui ferai voir le salut que je lui destine.

Gloria Patri, &c.

Glore soit au Pére

PSEAUME 133.

Ecce nunc benedicite Dominum, omnes servi Domini.

MAINTENANT donc bénissez le Seigneur, vous tous qui étes les serviteurs du Seigneur.

Qui statis in domo Domini, in atriis domus Dei nostri;

Vous qui demeurez dans la maison du Seigneur, dans les parvis de la maison de nôtre Dieu;

In noctibus extollite manus vestras in sancta: & benedicite Dominum.

Elevez vos mains durant les nuits vers le sanctuaire, & bénissez le Seigneur.

Benedicat te Dominus ex Sion, qui

Que le Seigneur te bénisse de Sion,

DE SAINT MARTIN.

lui qui a fait le ciel & la terre. / *fecit cælum & terram.*

Gloire soit au Pére. / *Gloria Patri, &c.*

ANTIENNE.

Vous ne craindrez point les attaques du démon, parce que vous avez pris le Tres-Haut pour vôtre refuge. / *Non timebis ab incursu & dæmonio, quoniam Altissimum posuisti refugium tuum.* Pf. 90. 6. 7. 9.

Hymne. Deus Creator omnium, &c.

A l'usage de Rome & de Paris on dit l'Hymne, Te lucis ante terminum, &c.

CAPITULE. Jerem. 14. 9.

Vous êtes en nous, Seigneur, & nous portons vôtre Nom, comme vous appartenant, ne nous abandonnez point. / *Tu in nobis es, Domine, & nomen tuum invocatum est super nos: ne derelinquas nos.*

Rendons graces à Dieu. / ℞. *Deo gratias.*

℞. Seigneur, je remets mon esprit entre vos mains. / ℞. *In manus tuas Domine,* * *Comméndo spiritum meum.*

℞. Seigneur, je remets. / ℞. *In manus.*

℣. *Redemisti me Domine Deus veritatis.* * *Commendo. Gloria Patri.* ℟. *In manus.* Pſ. 30. 6.

℣. Vous m'avez racheté, Seigneur, qui êtes le Dieu de vérité. Gloire soit au Pére, &c. ℟. Seigneur, je remets.

℣. *Custodi nos, Domine, ut pupillam oculi.*

℣. Gardez-nous, Seigneur, comme la prunelle de l'œil.

℟. *Sub umbrâ alarum tuarum protege nos.*

℟. Protégez-nous en nous couvrant de l'ombre de vos aîles.

CANTIQUE DE S. SIMEON. Luc. 2.

Nunc dimittis ſervum tuum, Domine : ſecundùm verbum tuum in pace.

SEigneur, vous laiſſerez maintenant mourir en paix vôtre ſerviteur, ſelon vôtre parole & vôtre promeſſe.

Quia viderunt oculi mei : ſalutare tuum.

Puiſque mes yeux ont vû le Sauveur, que vous avez envoyé au monde ;

Quod parasti : ante faciem omnium populorum.

Pour être expoſé à la vûë de tous les peuples, comme l'objet de leur ſalut.

Lumen ad revelationem gentium :

Pour être la lumiére qui éclairera les

nations, & la gloire de vôtre peuple d'Israël.

& gloriam plebis tuæ Israel.

Gloire soit au Père, &c.

Gloria Patri, & Filio, &c.

ANTIENNE.

SI vous assistez le pauvre avec une effusion de cœur, & si vous remplissez de consolation l'ame affligée, le Seigneur vôtre Dieu vous tiendra toûjours dans le repos; il remplira vôtre ame de splendeurs, & il délivrera vos os,

CUm effuderis esurienti animam tuam, & animam afflictam repleveris ; requiem tibi dabit Dominus Deus tuus semper, & implebit splendoribus animam tuam, & ossa tua liberabit. Is. 58. 10. 11.

COLLECTE.

EXaucez, s'il vous plaist, Seigneur, les vœux de vôtre Peuple, prosterné en toute humilité devant vous, & le préservez de tous maux par l'intercession du bien-heureux Ponti-

EXaudi, Domine, Populum tuum, tota tibi mente subditum, & beati Martini Pontificis supplicatione custodi, ut corpore & corde protectus, quod piè credidit appetat,

& quod justè sperat, obtineat. Per Dominum nostrum. fe Saint Martin, afin que soûtenu de vôtre grace toute puissante dans ses besoins spirituels & corporels, il ne cesse de désirer l'objet de sa piété & de sa foy, & obtienne enfin de vôtre bonté l'effet de ses justes demandes. Par nôtre Seigneur. Ainsi soit-il.

Veritas tua quæsumus Domine, semper maneat & luceat in cordibus nostris, & per gratiam Sancti Spiritus omnis falsitas inimici destruatur; salva nos omnipotens Deus, & lucem nobis concede perpetuam Dominum nostrum Jesum Christum Filium tuum, qui tecum vivit & regnat in unitate ejusdem Spiritus Sancti Deus, per omnia sæcula sæculorum. Amen.

Que vôtre verité, Seigneur, habite & brille toûjours dans nos cœurs, & que la grace du Saint Esprit nous y fasse découvrir toutes les faussetés de l'ennemi; gardez-nous, Dieu tout-puissant, nous vous en prions, & accordez-nous la lumiére éternelle Jesus-Christ, vôtre Fils, nôtre Seigneur, qui étant Dieu, vit & régne avec vous en l'unité de ce même Esprit Saint, dans tous les siécles des siécles. Ainsi soit-il.

A Matines

DE SAINT MARTIN.

A MATINES.

Vous ouvrirez mes lévres, Seigneur;

Et ma bouche publiera vos loüanges.

O Dieu, venez à mon aide.

Hâtez-vous, Seigneur, de me secourir.

Gloire soit au Pére, & au Fils, &c.

Domine labia mea aperies.

Et os meum annuntiabit laudem tuam.

Deus in adjutorium meum intende.

Domine ad adjuvandum me festina.

Gloria Patri, & Filio, &c.

INVITATOIRE.

Venez, adorons le Seigneur, qui prépare un Royaume à ceux qui revêtent les nuds.

Parantem regnum iis qui nudos cooperiunt. * Venite adoremus Deum.

Cet Invitatoire semble assez convenir à cet Office, puisque c'est par l'aumône sur tout que Saint Martin s'est distingué, & a merité d'entrer en joüissance du Royaume que JESUS-CHRIST promet particulierement à ceux qui se trouveront marquez à ce caractere.

C

PSEAUME 94.

Venite, exultemus Domino, jubilemus Deo salutari nostro: praeoccupemus faciem ejus in confessione, & in psalmis jubilemus ei. Invitatorium.

Quoniam Deus magnus Dominus, & Rex magnus super omnes deos: quoniam non repellet Dominus plebem suam; quia in manu ejus sunt omnes fines terræ, & altitudines montium ipse conspicit. Divisio. *

Quoniam ipsius est mare, & ipse fecit illud, & aridam fundaverunt manus ejus; Venite, ado-

Venez, réjouïssons-nous en nôtre Seigneur, chantons des loüanges à Dieu, qui est nôtre Sauveur : présentons-nous devant lui pour célébrer ses loüanges, & chantons lui des Cantiques de joie. *Invitatoire.*

Parce que Dieu est le Souverain Seigneur & le grand Roi, élevé au dessus de tous les Dieux : il ne rejettera pas son peuple ; car toutes les extrémitez de la terre sont en sa main, & les plus hautes montagnes sont sous sa vûë. *Division.* *

La mer lui appartient, parce que c'est lui qui l'a faite, & ses mains ont aussi formé la terre ; Venez, adorons-le, & fléchissons les genoux devant lui, & pleurons devant le Seigneur qui nous a faits : car c'est lui qui est le Seigneur nôtre Dieu, & nous sommes son peuple, & les brebis de sa bergerie. *Invitatoire.*

Si aujourd'hui vous entendez sa voix, n'endurcissez point vos cœurs, comme au jour de la contradiction & de la tentation dans le désert, où vos péres me tentérent, où ils m'éprouverent & voulurent voir mes œuvres. *Division.* *

Pendant quarante ans j'ai été proche de ce peuple ; & j'ai dit : le cœur de ce peuple est toûjours dans l'égarement : ils n'ont point connu

remus, & procidamus ante Deum, ploremus coram Domino qui fecit nos ; quia ipse est Dominus Deus noster : nos autem populus ejus, & oves pascuæ ejus.
Invitatorium.

Hodie si vocem ejus audieritis, nolite obdurare corda vestra ; sicut in exacerbatione secundum diem tentationis in deserto, ubi tentaverunt me patres vestri, probaverunt, & viderunt opera mea. Divisio. *

Quadraginta annis proximus fui generationi huic ; & dixi, semper hi errant corde ; ipsi verò] non cognoverunt vias meas, quibus

C ij

juravi in irâ meâ, si introibunt iu requiem meam. Invitatorium.

mes voyes : j'ai juré dans ma colére, qu'ils n'entreront point dans le lieu de mon repos. Invitatoire.

Gloria Patri, & Filio, & Spiritui Sancto ; sicut erat in principio & nunc & semper & in sæcula seculorum. Amen.

Gloire soit au Pére, & au Fils, & au Saint Esprit ; comme elle étoit au commencement, comme elle est maintenant, & comme elle sera toûjours dans les siécles des siécles. Ainsi soit-il

DIVISION.

On repete ensuite l'Invitatoire.

HYMNE. Santeuil.

Quò fugis Præceps ? latitare nescit
Mille portentis manifesta virtus ;
Præsulem jam te feret in supremum
Turo tribunal.

Non tumet fastu, neque splendet auro,

Pourquoy nous dérober une si sainte Vie ?
Tours qui veut un Pasteur, s'empresse à te chercher ;
Une haute vertu de miracles suivie
Peut-elle se cacher ?
Gardant le même habit & la même conduite,

L'or ne fait point briller le modeste Prélat;	Sordidam servat velut ante vestem;
Et c'est de la grandeur de son propre mérite	Ora deformi dabat una virtus
Qu'il tire son éclat.	Unde niteret.
Peut-on le mépriser dans son peu d'apparence,	Spreverit vili quis eum lacerna,
Lui qui régle à son gré les plus fiers élémens ?	Cujus ad nutus elementa parent?
Le feu le plus actif céde sans résistance	Scilicet jussi posuere fractis
A ses commandemës.	Viribus ignes.
Le Saint fait voir l'aveugle, il rend au sourd l'oüie,	Redditur cœco sua lux, & auris
La parole au muet; & c'est par son canal	Redditur surdo, sua lingua muto,
Que le foible boiteux obtient, quand il le prie,	Impari qui vix pede claudus ibat,
D'aller d'un pas égal.	Ambulat æquo.
Le malade est guéri de sa langueur mortelle;	Imperat morbis, abigit malignos
Et les esprits malins	Spiritus, divûm fi-

mulacra vertit,	sont chassez sans retour ;
Luce defunctos vocat ad prioris Munera vitæ.	Il retire les morts de la nuit éternelle, Et leur fait voir le jour.
Fertur immani ruitura mole	D'un grand arbre arraché par une main impie
Arbor exciso trepidasse trunco,	Le poids tout grand qu'il fust, ne lui fut point fatal,
Sustinet lapsum capitique sacro,	Et cet arbre en tombant devant lui s'humilie,
Aversa pepercit.	Et ne fait aucun mal.
Luminis splendor Patris, una Proles,	Fils du Pére éternel, sa splendeur, son Image,
Christe, te pronus veneretur orbis,	Que l'Univers soûmis te rende des honneurs,
Qui Sacerdotes per Amoris almi,	JESUS, qui par l'Esprit à qui tout doit hommage,
Flamen inungis.	Oingts tes sages Pasteurs.
Amen.	Ainsi soit-il.

DE SAINT MARTIN.

AU I. NOCTURNE.

Saint Martin impatient de recevoir le Baptême, s'y présenta à l'âge de 18. ans. Mais par complaisance pour un Tribun de ses amis, il servit encore deux ans, pendant lesquels il s'occupa plus des obligations de son Baptême, que du devoir militaire.

PSEAUME I.

Heureux l'homme, qui ne s'est point laissé aller à *suivre le* conseil des impies, qui ne s'est point arrêté dans la voye des pécheurs; & qui ne s'est point assis dans la chaire contagieuse *des libertins;*

Mais dont la volonté est attachée à la loi du Seigneur, & qui médite jour & nuit cette loi.

Et il sera comme un arbre qui est planté proche le courant des eaux; lequel donnera son fruit

Beatus vir, qui non abiit in consilio impiorum, & in via peccatorum non stetit, & in cathedra pestilentiæ non sedit.

Sed in lege Domini voluntas ejus, & in lege ejus meditabitur die ac nocte.

Et erit tanquam lignum, quod plantatum est secus decursus aquarum, quod fructum suum *dabit in tempore suo.*　dans son temps.

Et folium ejus non defluet : & omnia quacumque faciet, prosperabuntur.　Et sa feüille ne tombera point ; & toutes les choses qu'il fera auront un heureux succés.

Non sic impii, non sic : sed tanquam pulvis, quem projicit ventus à facie terræ.　Il n'en est pas ainsi des impies, il n'en est pas ainsi ; mais ils sont comme la poussiére que le vent disperse de dessus la face de la terre.

Ideo non resurgent impii in judicio, neque peccatores in concilio justorum.　C'est pourquoi les impies ne ressusciteront point dans le jugement *des justes*, ni les pécheurs dans l'assemblée des *mêmes* justes.

Quoniam novit Dominus viam justorum : & iter impiorum peribit.　Car le Seigneur connoist la voye de ceux qui sont justes ; & la voye des impies périra.

Gloria Patri, &c.　Gloire soit au Pére.

A<small>NTIENNE</small>.

Deus præordinavit te, ut cog-　Dieu vous a prédestiné pour

connoître sa volonté; qu'attendez-vous ? Levez-vous, & recevez le Baptême : Hâtez-vous, & sortez promptement. *Act.* 22. 14. 16. 18.

nosceres voluntatem ejus ; quid moraris ? exurge, & baptizare, festina, & exi velociter. *Act.* 22. 14. 16. 18.

Pseaume 2.

POurquoi les nations se sont-elles soulevées avec un grand bruit, & les peuples ont-ils formé de vains desseins ?

QUare fremuerunt gentes, & populi meditati sunt inania ?

Les Rois de la terre se sont opposés, & les Princes se sont assemblez contre le Seigneur, & contre son CHRIST & son Oint.

Astiterunt Reges terræ, & principes convenerunt in unum adversus Dominum, & adversus Christum ejus.

Rompons, *disent-ils*, leurs liens, & rejettons loin de nous leur joug.

Dirumpamus vincula eorum : & projiciamus à nobis jugum ipsorum.

Celui qui demeure dans les Cieux se rira d'eux ; & le Seigneur s'en mocquera.

Qui habitat in cælis irridebit eos : & Dominus subsannabit eos.

Tunc loquetur ad eos in ira sua, & in furore suo conturbabit eos.

Il leur parlera alors dans sa colére, & les remplira de trouble dans sa fureur.

Ego autem constitutus sum rex ab eo super Sion montem sanctum ejus, prædicans præceptum ejus.

Mais pour moi, j'ai été établi Roi par lui sur Sion sa sainte montagne, afin que j'annonce ses préceptes.

Dominus dixit ad me: Filius meus es tu, ego hodie genui te.

Le Seigneur m'a dit: Vous êtes mon Fils, je vous ai engendré aujourd'hui.

Postula à me, & dabo tibi gentes hereditatem tuam, & possessionem tuam terminos terræ.

Demandez-moi, & je vous donnerai les nations pour vôtre heritage, & j'étendrai vôtre possession jusques aux extrémitez de la terre.

Reges eos in virgâ ferreâ, & tanquam vas figuli confringes eos.

Vous les gouvernerez avec une verge de fer, & les briserez comme le vaisseau du potier.

Et nunc reges intelligite: erudimini qui judicatis ter-

Et vous, maintenant, ô Rois! ouvrez vôtre cœur à l'intelligence : recevez les instructions *de la vérité*, vous qui jugez la terre.

ram.

Servez le Seigneur dans la crainte ; & réjoüissez-vous en lui avec tremblement,

Servite Domino in timore : & exultate ei cum tremore.

Embrassez étroitement *la pureté de la discipline* ; de peur qu'enfin le Seigneur ne se mette en colére, & que vous ne périssiez hors de la voye de la justice.

Apprehendite disciplinam, nequando irascatur Dominus, & percatis de via justa.

Lorsque dans peu de temps sa colére se sera embrasée, heureux tous ceux qui mettent en lui leur confiance.

Cùm exarserit in brevi ira ejus, beati omnes qui confidunt in eo.

Gloire soit au Pére, &c.

Gloria Patri, &c.

Ant. Aussi-tost il partit & s'en alla dans le désert ; & en même tems le Seigneur lui dit : Que

A N T. *Surgens abiit, & perrexit in desertum, & ecce sermo Domini ad eum : Quid hîc agis?*

Egredere & sta in monte coram Domino. 3. Reg. 19. 3. 9. 11.

faites-vous là ? Sortez, & tenez-vous sur la montagne devant le Seigneur.

Il quitta enfin les troupes, & se retira dans la solitude, où il resta un tems considérable, jusqu'à ce que pour s'élever à une plus grande perfection, il sortit de cette retraite, & s'en alla à Poitiers pour se mettre sous la conduite de Saint Hilaire.

Pseaume 3.

Domine, quid multiplicati sunt qui tribulant me ? Multi insurgunt adversum me.

Seigneur, pourquoi le nombre de ceux qui me persécutent s'est-il si fort augmenté ? Une multitude d'ennemis s'élevent contre moi.

Multi dicunt animæ meæ : Non est salus ipsi in Deo ejus.

Plusieurs disent à mon ame : Elle n'a point de salut à espérer de son Dieu.

Tu autem, Domine, susceptor meus es, gloria mea, & exaltans caput meum.

Mais vous, Seigneur, vous étes mon protecteur, & ma gloire ; & vous élevez ma tête.

Voce mea ad Dominum clamavi, &

J'ai crié & fait retentir ma voix aux oreilles

DE SAINT MARTIN.

oreilles du Seigneur; & il m'a exaucé du haut de sa sainte montagne.

Je me suis endormi & j'ai été assoupi ; & *ensuite* je me suis levé, parce que le Seigneur m'a pris en sa protection.

Je ne craindrai point ces milliers de peuples qui m'environnent : levez-vous, Seigneur ; sauvez-moi, mon Dieu.

Parce que vous avez frappé tous ceux qui se déclarent contre moi sans raison ; vous avez brisé les dents des pécheurs.

Le salut vient du Seigneur ; & c'est vous, *mon Dieu*, qui bénissez vôtre peuple.

Gloire soit au Pére.

Ant. S'étant mis en chemin, il vint

exaudivit me de monte sancto suo.

Ego dormivi, & soporatus sum : & exurrexi, quia Dominus suscepit me.

Non timebo millia populi circundantis me : exurge Domine, salvum me fac, Deus meus.

Quoniam tu percussisti omnes adversantes mihi sine causa : dentes peccatorum contrivisti.

Domini est salus : & super populum tuum benedictio tua.

Gloria Patri, &c.

ANT. *Profectus est, & venit ad vi-*

D

rum Dei, in montem; & apprehendit pedes ejus, & ait: Vivit Dominus, & vivit anima tua, non dimittam te. 4. Reg. 4. 25. 27. 30.

trouver un homme de Dieu, aux pieds duquel il se jetta, & lui dit : Je vous jure par le Seigneur, & par vôtre vie, que je ne vous quitterai point.

Ce fut sous la discipline de cet illustre Maître, qu'il reçut la sagesse, & qu'il fit de grands progrés dans la science des Saints.

Les Pseaumes à l'usage de Rome sont les mêmes ; mais à l'usage de Paris l'on dit le 8, le 19, & le 20.

℣. *Excepit Sapientiam, & multum profecit in eâ.* Eccl. 51. 21. 22.

℣. La Sagesse lui a été donnée, & il y a fait un grand progrés.

℟. *In communicatione sermonum ipsius.* Sag. 8. 18.

℟. Dans la communication de ses discours.

Il y avança de telle maniere, qu'il fut bien-tost en état d'instruire les autres. Ce fut alors qu'il se sentit inspiré d'aller à son Païs travailler à la conversion de ses Parens. Cette inspiration ayant été regardée de S. Hilaire comme un ordre divin auquel il ne devoit pas s'opposer, & que S. Martin ne devoit pas négliger, il partit étant pour lors âgé de quarante ans, aprés avoir promis à S. Hilaire de revenir auprés de lui.

DE SAINT MARTIN.

I. Leçon.

De Ezechiele Propheta. c. 3. ℣. 17.

LE Seigneur m'a addressé sa Parole, & ma dit : Fils de l'homme, Je vous ai donné pour sentinelle à la Maison d'Israël ; vous écouterez la Parole de ma bouche, & vous leur annoncerez ce que vous aurez appris de moi. Si lorsque je dirai à l'impie, vous serez puni de mort, vous ne lui annoncez pas ce que je vous dis, & si vous ne lui parlez pas, afin qu'il se détourne de la voye de son impiété, & & qu'il vive, l'impie mourra dans son iniquité, mais je vous redemanderai son sang. Si vous annon-

Factum est Verbum Domini ad me : Fili hominis, speculatorem dedi te domui Israël, & audies de ore meo verbum, & annuntiabis eis ex me. Si dicente me ad impium, morte morieris, non annuntiaveris ei, neque locutus fueris, ut avertatur à viâ suâ impiâ, & vivat; ipse impius in iniquitate suâ morietur, sanguinem autem ejus de manu tuâ requiram. Si autem tu anuntiaveris, & ille non fuerit conversus ab impietate suâ, & à viâ suâ impiâ, ipse quidem in iniquitate suâ morietur, tu

D ij

autem animam tuam liberasti. Hæc dicit Dominus Deus, convertimini ad me, & salvi eritis.

cez la verité à l'impie, & qu'il ne se convertisse point de son impiété, & ne quitte point sa voye impie, il mourra dans son iniquité ; mais pour vous, vous aurez délivré votre ame. Le Seigneur dit : Convertissez-vous à moi, & vous serez sauvez.

RE'PONS.

Cum impleretur ei quadraginta annorum tempus, ascendit in cor ejus ut visitaret fratres suos. Existimabat quoniam Deus per manum ipsius daret salutem illis.* Act. 7. 23. 25.
℣. *Qui ambulabant in pravitate cordis sui, abierantque post deos alienos, ut servirent eis, & adorarent eos.* Jer. 13. 10.
* *Existim.*

Quand il eut atteint l'âge de quarante ans, il lui vint dans l'esprit d'aller visiter ses frères : Il croyoit que Dieu les sauveroit par sa main.

℣. Qui marchoient dans les égaremens de leur cœur, & qui couroient après les dieux étrangers pour les servir & les adorer. * Il croyoit.

II. LEÇON. ℣. 4.

J'Ai entendu la voix du Seigneur, qui me parloit & me disoit: Fils de l'homme, allez trouver la maison d'Israël, & vous leur annoncerez mes paroles. C'est à la maison d'Israël que je vous envoye, & non pas à un peuple dont le discours soit élevé au dessus de vous, & dont la langue vous soit inconnuë; Je ne vous envoye pas vers des hommes de diverses nations, qui se serviroient d'un langage trop élevé pour vous, & d'une langue qui vous seroit inconnuë, & dont vous n'entendriez pas les paroles; & si je vous envoyois vers des peuples de cette sorte, ils vous

Audivi loquentem ad me, & dicentem : Fili hominis, vade ad domum Israel, & loqueris verba mea ad eos. Non ad populum profundi sermonis, & ignota lingua tu mitteris, ad domum Israel ; neque ad populos multos profundi sermonis & ignota lingua, quorum non possis audire sermones ; & si ad illos mittereris, ipsi audirent te ; domus autem Israël nolunt audire te, quia nolunt audire me : omnis quippe domus Israel attritâ fronte est, & duro corde. Ecce dedi faciem tuam valentiorem faciebus eorum, & frontem

D iij

tuam duriorem frontibus eorum. Ut adamantem, & ut silicem dedi faciem tuam; ne timeas eos, neque metuas à facie eorum, quia domus exasperans est. Et dixit ad me: Fili hominis, omnes sermones meos, quos ego loquor ad te, assume in corde tuo, & auribus tuis audi; & vade ad filios populi tui, & loqueris ad eos, & dices eis: Hæc dicit Dominus Deus, convertimini ad me, & salvi eritis.

écouteroient ; mais ceux de la maison d'Israël ne veulent pas vous entendre, parce qu'ils ne veulent pas m'écouter ; car toute la maison d'Israël a un front d'airain, & un cœur endurci. Mais j'ay rendu votre visage plus ferme que leur visage, & votre front plus dur que leur front. Je vous ay donné un front de pierre & de diamant, ne les craignez donc point, & n'ayez point de peur devant eux, parce que c'est une maison qui ne cesse point de m'irriter ; & il me dit : Fils de l'homme, mettez dans votre cœur toutes les paroles que je vous dis, & écoutez-les attentivement : Allez trouver les enfans d'Israël, mon peuple, parlez leur, & leur dites : Le Seigneur dit : Convertissez-vous à moi, & vous serez sauvez.

DE SAINT MARTIN.

Ce voyage de Saint Martin en son païs lui couta bien des peines & des difficultez ; il eut à combattre toutes les contrarietez que la malice du démon & la fureur des hommes lui purent susciter. Il eut beaucoup de périls & de dangers à essuyer. *Voyez sa Vie.*

De telle sorte qu'il peut bien dire avec autant de raison que S. Paul les paroles suivantes.

II, RE'PONS.

J'Ai souffert beaucoup de travaux ; j'ai receu un grand nombre de coups ; je me suis souvent vû tout prés de la mort ; j'ai été battu de verges ; j'ai été dans les périls des voleurs, dans les périls de la part de ceux de ma nation, en péril de de la part des faux fréres.

IN laboribus fui plurimis, in plagis supra modum, in mortibus frequenter, virgis cæsus sum, fui in periculis latronum, periculis ex gentibus, periculis * in falsis fratribus. 2. Cor. 11. 23. 25. 26.

℣. Un des principaux Prêtres dans la maison du Seigneur m'a frappé, & la parole du Séigneur est devenuë pour moi un sujet d'opprobre.

℣. *Sacerdos princeps in domo Domini percussit me, & factus est mihi sermo Domini in opprobrium.* Jer. 20. 1. 2. 8.

* *In falsis fratribus.* De la part des faux freres.

Il eut cependant la consolation de convertir sa Mère & plusieurs autres, & c'est ce fruit de ses peines qui nous est représenté par les paroles du même Prophéte Ezechiel, Chap. 3. ℣. 23. dans cette troisiéme Leçon.

III. Leçon.

Hæc dicit Dominus, non polluentur ultra in idolis suis, & in abominationibus suis, & cunctis iniquitatibus suis; & salvos eos faciam de universis sedibus, in quibus peccaverunt, & emundabo eos, & erunt mihi populus, & ego ero eis Deus. Et servus meus pastor erit omnium eorum, in judiciis meis ambulabunt, & mandata mea custodient, & facient ea. Et percutiam illis fœdus

Voici ce que dit le Seigneur notre Dieu. Ils ne se soüilleront plus à l'avenir par leurs idoles, par leurs abominations, & par toutes leurs iniquitez : Je les retirerai de tous les lieux où ils avoient péché, & je les purifierai, & ils seront mon peuple, & je serai leur Dieu. Et mon Serviteur sera leur Pasteur à tous; ils marcheront dans la voye de mes Ordonnances, ils garderont mes Commandemens, & ils

DE SAINT MARTIN. 45.

les pratiqueront. Je ferai avec eux une alliance de paix, & mon alliance avec eux sera éternelle; je les établirai sur un ferme fondement; je les multiplierai, & j'établirai pour jamais mon Sanctuaire au milieu d'eux; mon Tabernacle sera dans eux, je serai leur Dieu, & ils seront mon peuple; & les nations sçauront que c'est moi qui suis le Seigneur & le Sanctificateur d'Israël, lorsque mon Sanctuaire se conservera pour jamais au milieu d'eux. Voila ce que le Seigneur dit: Convertissez-vous à moi, & vous serez sauvez.

pacis, pactum sempiternum erit eis, & fundabo eos, & multiplicabo, & dabo sanctificationem meam in medio eorum in perpetuum. Et erit tabernaculum meum in eis, & ero eis Deus, & ipsi erunt mihi populus; & scient gentes, quia ego Dominus sanctificator Israel, cum fuerit sanctificatio mea in medio eorum in perpetuum: Hæc dicit Dominus Deus: Convertimini ad me, & salvi eritis.

Saint Martin se croyant obligé de céder à la violence de ses persécuteurs, sortit de la Ville & du Païs............ Il se retira dans un petite Isle nommée Gallinaire; ce n'étoit qu'un rocher désert & dépourvû de toutes les commodités de la vie, où il resta jusqu'au retour de S. Hilaire à Poitiers, où il l'alla rejoindre.

Ce S. Evêque réjoüi de son retour, lui donna un fonds à deux lieuës de la Ville, où il bâtit un Monastere, qui devint bien-tost célébre par un grand nombre de Religieux qui s'y retirérent sous sa conduite.

III. REPONS.

Abiit inde, & fugit in speluncam. * Quod cum audissent multi, descenderunt ad eum illuc : * Et factus est eorum princeps. 1. Reg. 22. 1.

℣. Hic erat edoctus viam Domini, & fervens spiritu loquebatur, & docebat diligenter ea quæ sunt Jesu. Act. 18. 25.

* Quod. Gloria. Et factus, &c.

Il sortit donc de la Ville, & se retira dans une caverne; ce que plusieurs ayant appris, l'y vinrent trouver, & il devint leur Chef.

℣. Il étoit instruit dans la voye du Seigneur ; & parlant avec ferveur, il enseignoit avec soin ce qui regardoit JESUS.

Ce que plusieurs, &c.

II. NOCTURNE.

L'éclat des vertus & des miracles de S. Martin s'étendoit beaucoup au de-là de son Monastére; toute la Province pour ne pas dire toutes les Gaules, en étoient dans l'étonnement. La Ville de Tours venant pour lors à manquer d'Evêque, le Clergé & le peuple d'un commun accord portent leurs desirs du côté de S. Martin. On craint de lui proposer la dignité Episcopale ; on veut pourtant l'en revétir ; on ne peut l'arracher par force de son Cloître ; il faut donc l'en tirer par adresse ; *la voici marquée dans les Antiennes suivantes.*

PSEAUME 5.

Seigneur, prêtez l'oreille à mes paroles ; entendez mes cris.

Soyez attentif à la voix de ma priere, vous qui étes mon Roi & mon Dieu.

Comme c'est vous que je prierai, Seigneur, vous exaucerez ma voix dés le matin.

Je me présenterai dés le matin devant vous ; & je connoîtrai que vous n'étes pas un Dieu qui approuve l'iniquité.

L'homme qui est malin ne demeurera

Verba mea auribus percipe, Domine, intellige clamorem meum.

Intende voci orationis meæ, rex meus & Deus meus.

Quoniam ad te orabo : Domine, manè exaudies vocem meam.

Manè astabo tibi & videbo : quoniam non Deus volens iniquitatem tu es.

Neque habitabit juxta te malignus ;

neque permanebunt injusti ante oculos tuos.

Odisti omnes qui operantur iniquitatem : perdes omnes qui loquuntur mendacium.

Virum sanguinum & dolosum abominabitur Dominus : ego autem in multitudine misericordiæ tuæ.

Introïbo in domum tuam : adorabo ad templum sanctum tuum in timore tuo.

Domine, deduc me in justitia tua : propter inimicos meos dirige in conspectu tuo viam meam.

point près de vous; & les injustes ne subsisteront point devant vos yeux.

Vous haïssez tous ceux qui commettent l'iniquité : Vous perdrez toutes les personnes qui proférent le mensonge.

Le Seigneur aura en abomination l'homme sanguinaire & trompeur : mais pour moi, me confiant dans l'abondance de votre miséricorde,

J'entrerai dans votre maison ; & rempli de votre crainte, je vous adorerai dans votre saint temple.

Conduisez-moi, Seigneur, dans *la voie* de votre justice : Rendez droite ma voie devant vos yeux, à cause de mes ennemis.

Car

DE SAINT MARTIN.

Car la verité n'est point dans leur bouche : leur cœur est rempli de vanité.

Leur gosier est *comme* un sepulcre ouvert : ils se sont servis de leurs langues pour tromper : jugez-les, *mon* Dieu.

Faites-les déchoir de leurs pensées : repoussez-les à cause de la multitude de leurs impiétés, parce qu'ils vous ont irrité, Seigneur.

Mais que tous ceux qui mettent en vous leur espérance se réjoüissent : ils seront éternellement remplis de joie, & vous habiterez dans eux.

Et tous ceux qui aiment votre *saint* Nom se glorifieront en vous ; parce que vous répandrez vo-

Quoniam non est in ore eorum veritas: cor eorum vanum est.

Sepulchrum patens est guttur eorum ; linguis suis dolosè agebant, judica illos, Deus.

Decidant à cogitationibus suis ; secundum multitudinem impietatum eorum expelle eos, quoniam irritaverunt te, Domine.

Et latentur omnes qui sperant in te, in æternum exultabunt, & habitabis in eis.

Et gloriabuntur in te omnes qui diligunt nomen tuum, quoniam tu benedices justo.

E

Domine, ut scuto bonæ voluntatis tuæ coronasti nos.

tre bénédiction sur le juste.

Seigneur, vous nous avez couverts de votre amour, comme d'un bouclier.

Gloria Patri, & Filio, &c.

Gloire soit au Père, &c.

ANTIENNE.

Lugere te simula, & induere veste lugubri, ut sis quasi lugens mortuum, vade ubi est Propheta, ut consulas eum super eâ quæ ægrotat. 2. Reg. 14. 3. Reg. 14. 2. 5.

Faites semblant d'être dans l'affliction, & prenez un habit de dueil, afin que vous paroissiez comme un homme qui pleure un mort ; allez où est le Prophéte, le consulter sur la personne qui est malade.

Un Habitant de la Ville affectant un air triste & un visage consterné va trouver le Saint ; lui représente que sa femme est tres-dangereusement malade, & qu'il ne connoît plus d'autre ressource que sa présence pour la tirer du péril pressant où elle est.

PSEAUME 6.

Domine, ne in furore tuo ar-

Seigneur, ne me reprenez dans votre fureur, & ne me punissez pas dans votre colére.

Ayez pitié de moi, Seigneur, parce que je suis foible : Seigneur, guérissez-moi, parce que mes os sont tout étonnés.

Et mon ame est toute troublée : mais vous, Seigneur, jusques à quand *me laisserez-vous en cet état ?*

Tournez-vous vers moi, Seigneur, & délivrez mon ame : sauvez-moi en considération de votre miséricorde.

Car il n'y a personne qui se souvienne de vous dans la mort. Et qui est celui qui vous loüera dans l'enfer ?

Je me suis épuisé à force de soupirer : je laverai toutes les nuits mon lit *de mes*

guas me, neque in ira tua corripias me.

Miserere mei, Domine, quoniam infirmus sum : sana me, Domine, quoniam conturbata sunt ossa mea.

Et anima mea turbata est valdè : sed tu, Domine, usquequò ?

Convertere, Domine, & eripe animam meam : salvum me fac propter misericordiam tuam.

Quoniam non est in morte qui memor sit tui ; in inferno autem quis confitebitur tibi ?

Laboravi in gemitu meo : lavabo per singulas noctes lectum meum ; lacry-

mis meis stratum meum rigabo.

pleurs ; j'arroserai de mes larmes le lieu où je suis couché.

Turbatus est à furore oculus meus: inveteravi inter omnes inimicos meos.

La fureur a rempli mon œuil de trouble : je suis devenu vieil au milieu de tous mes ennemis.

Discedite à me, omnes qui operamini iniquitatem: quoniam exaudivit Dominus vocem fletus mei.

Eloignez-vous de moi, vous tous qui commettez l'iniquité ; parce que le Seigneur a éxaucé la voix de mes larmes.

Exaudivit Dominus deprecationem meam; Dominus orationem meam suscepit.

Le Seigneur a éxaucé l'humble supplication que je lui ai faite : le Seigneur a agréé ma priére.

Erubescant, & conturbentur vehementer omnes inimici mei: convertantur & erubescant valdè velociter.

Que tous mes ennemis rougissent, & soient remplis de trouble ; qu'ils se retirent tres-promptement, & qu'ils soient couverts de confusion.

Gloria Patri, & Filio, &c.

Gloire soit au Pére, & au Fils, &c.

DE SAINT MARTIN.

ANTIENNE.

L'homme de Dieu l'ayant entendu parler ainsi, se rendit à ce qu'il disoit, & s'en alla avec lui, pendãt que des hommes de courage l'attendoient assez proche de-là, lesquels lui dirent : tenez-nous lieu de Pére & de Prêtre.	*Quod cum audisset, acquievit sermonibus ejus, & profectus est ; viris fortissimis haud procul expectantibus ; cui responderunt, habeamus te Patrem ac Sacerdotem.* Judic. 18. 20. 17. & 19.

Ce Saint sans consulter autre chose que sa charité, se met en chemin, ne sçachant pas que plusieurs habitans des principaux de la Ville s'étoient postez dans les endroits par où il devoit passer, à dessein de l'enlever, & de le conduire à Tours.

PSEAUME 7.

SEIGNEUR mon Dieu, c'est en vous que j'ai espéré : sauvez-moi de tous ceux qui me persécutent, & délivrez-moi.	*DOmine Deus meus in te speravi : salvum me fac ex omnibus persequentibus me, & libera me.*
De peur qu'enfin il ne ravisse mon ame	*Nequando rapiat ut leo animam meam,*

dum non est qui redimat, neque qui salvum faciat.

comme un lion, lorsqu'il n'y a personne qui me tire d'entre ses mains, & qui me sauve.

Domine Deus meus, si feci istud, si est iniquitas in manibus meis :

Seigneur mon Dieu, si j'ai fait ce que l'on m'impute, si mes mains se trouvent coupables d'iniquité :

Si reddidi retribuentibus mihi mala, decidam merito ab inimicis meis inanis.

Si j'ai rendu le mal à ceux qui m'en avoient fait, je consens de succomber sous mes ennemis, frustré de mes espérances.

Persequatur inimicus animam meam, & comprehendat, & conculcet in terra vitam meam, & gloriam meam in pulverem deducat.

Que l'ennemi poursuive mon ame, & s'en rende maître; qu'il me foule aux pieds sur la terre en m'ôtant la vie ; & qu'il réduise toute ma gloire en poussiére.

Exurge, Domine, in ira tua : & exaltare in finibus inimicorum meorum.

Levez-vous, Seigneur, dans votre colére ; & faites éclater votre grandeur au milieu de mes ennemis.

DE SAINT MARTIN.

Levez-vous, Seigneur mon Dieu, suivant le précepte que vous avez établi; & l'assemblée des peuples vous environnera.

Et exurge, Domine, Deus meus, in præcepto quod mandasti : & synagoga populorum circumdabit te.

En considération de cette assemblée remontez en haut: C'est le Seigneur qui juge les peuples.

Et propter hanc in altum regredere : Dominus judicat populos.

Jugez-moi, Seigneur, selon ma justice, & selon l'innocence qui est en moi.

Judica me, Domine, secundùm justitiam meam, & secundum innocentiam meam super me.

La malice des pécheurs finira; & vous conduirez le juste, ô Dieu, qui sondez les cœurs & les reins.

Consumetur nequitia peccatorum, & diriges justum, scrutans corda & renes, Deus.

C'est avec justice que j'attends le secours du Seigneur, puisqu'il sauve ceux dont le cœur est droit.

Justum adjutorium meum à Domino, qui salvos facit rectos corde.

Dieu est un juge également juste, fort, & patient; se met-

Deus judex justus, fortis, & patiens, nunquid iras-

citur per singulos dies?

Nisi conversi fueritis, gladium suum vibrabit: arcum suũ tetendit, & paravit illum.

Et in eo paravit vasa mortis, sagittas suas ardentibus effecit.

Ecce parturiit injustitiam: concepit dolorem, & peperit iniquitatem.

Lacum aperuit, & effodit eum: & incidit in foveam quam fecit.

Convertetur dolor ejus in caput ejus: & in verticem ipsius iniquitas ejus descendet.

Confitebor Domino secundum justitiam ejus: & psal-

il en colére tous les jours?

Si vous ne vous convertissez, il fera briller son épée: il a déja tendu son arc, & le tient tout prest.

Et il y a préparé des instrumens de mort: il a rendu ses flécles brûlantes.

L'ennemi a travaillé à commettre l'injustice; il a conçû la douleur, & a enfanté l'iniquité.

Il a ouvert une fausse, & l'a creusée; & il est tombé dans la *même* fosse qu'il avoit faite.

La douleur *qu'il a voulu me causer* retournera sur lui-même; & son injustice descendra sur sa tête.

Je rendrai gloire au Seigneur à cause de sa justice; & je

chanterai des canti- | lam nomini Domini
ques au Nom du Sei- | altissimi.
gneur tres-haut.

Gloire soit au Pére.   Gloria Patri, &c.

A l'usage de Rome les Pseaumes 4. 5. & 8. & à l'usage de Paris les 22. 25. & 42.

ANTIENNE.

ILs coururent donc & le prirent, & l'emmenérent ; & lorsqu'il parut au milieu du peuple, ils se disoient les uns aux autres : Voyez quel est celui que le Seigneur a choisi.

CUcurrerunt itaque, & tulerunt eum ; stetitque in medio populi, & aiunt ; certè videtis, quem elegit Dominus. 1. Reg. 10. 23. 24.

En effet, ils coururent sur lui ; ils s'en saisirent, & l'emmenérent à la Ville, où étoient accourus des peuples de tous côtés pour avoir part à cette Election.

℣. La sagesse de celui qui est humilié l'élévera en honneur.

℣. Sapientia humiliati exaltabit caput illius.

℟. Et le fera séoir au milieu des grands.

℟. Et in medio magnatorum considere illum faciet. Eccl. 11. 1.

C'est ainsi que Dieu prend plaisir d'élever ceux qui s'abaissent, & de placer dans les premiéres dignitez ceux qui s'en croyent les plus indignes.

IV. Leçon.

Martinus Sabariæ in Pannoniâ patre Tribuno militum natus, Papiæ verò in Italia educatus, cum decimum attigisset annum, invitis parentibus ad Ecclesiam confugiens in catechumenorum numero adscribi voluit. Adscriptus militiæ ex Imperatorum edicto, quo veteranorum filii sua nomina profiteri cogebantur sub Constantio vel Constantino ejus fratre meruit. Qui cum nihil haberet præter arma & vestimentum quo tegebatur, Ambianis pauperi ac nudo ab

Martin fils d'un Tribun militaire, nâquit à Sabarie Ville de Pannonie; il fut élevé à Pavie en Italie: à l'âge de dix ans il s'enfuit à l'Eglise des Chrétiens malgré ses parens, & demanda qu'on le fist catéchuméne; il n'en avoit que quinze lorsqu'il vint un ordre des Empéreurs pour enrôler les enfans des Vétérans; il fut ainsi engagé à préter le serment de la milice, & servit dans l'armée Impériale. Un jour comme il ne lui restoit que ses armes & l'unique habit militaire qu'il

DE SAINT MARTIN.

portoit, au plus fort de l'hiver, il donna sans délibérer, la moitié de sa casaque à un pauvre tout nud, qui étoit à la porte d'Amiens, & qui prioit les passans d'avoir pitié de lui au Nom de JESUS-CHRIST. La nuit suivante ce jeune Cavalier vit en songe JESUS-CHRIST revêtu de cette moitié d'habit qu'il avoit donnée au pauvre, & qui disoit : c'est Martin qui ma revêtu de cet habit, quoy qu'il ne soit encore que catéchuméne. Il receut le Baptême à l'âge de dix-huit ans, & ayant quitté le service, il se retira auprés de Saint Hilaire Evêque de Poitiers.

eo petenti ut nomine Christi sibi eleemosynam impertiret, partem chlamydis dedit. Cui sequenti nocte Christus dimidiata illa veste indutus apparuit, hanc mittens vocem. Martinus catechumenus hac me veste contexit. Decem & octo annos natus baptisatus est; quare relictâ militari vitâ ad Hilarium Pictavensem Episcopum se contulit.

Mais vous, Seigneur, ayez pitié de nous.

Tu autem Domine, miserere nostri.

℟. Rendons graces à Dieu.

℟. Deo gratias.

Tous ces peuples ne l'eurent pas plûtoft vû, qu'ils criérent tous que perfonne n'étoit plus digne de remplir le Siége Epifcopal que lui ; tous lui donnérent leurs fuffrages avec éloge ; il n'y eut qu'un tres-petit nombre de perfonnes qui fembloient s'y oppofer, parmi lefquelles il fe trouvoit des Evêques même qui s'étoient rendus à Tours pour faire l'Ordination. Selon eux Martin n'étoit pas affez bien fait pour être Evêque ; fa mauvaife mine, fes cheveux mal peignez, fon habit mal propre, tout le rendoit méprifable, mais le peuple n'y eut aucun égard, eftimant au contraire que leurs reproches étoient des loüanges pour Martin.

RÉPONS.

Complacuit omni populo ut summo sacerdotio fungeretur, & præesset omnibus ; filii vero belial dixerunt, num salvare nos poterit iste ? Et despexerunt eum. 1. Mac. 46. 47. 1. Reg. 10. 27.

Tout le peuple agréa qu'il fift les fonctions de la Souveraine Sacrificature, & qu'il euft le Commandement fur tous. Les Enfans de Belial au contraire, s'y oppofant, commencérent à dire : comment cet homme-cy pourroit-il nous fauver ? Et ils le méprifèrent.

℣. *Quoniam, inquiunt, præsentia corporis est infirma,*

℣. Parce que, difoient-ils, ce n'eft qu'un homme foible, &

& dont le discours n'est pas considérable. & sermo contemtibilis. 2. Cor. 10. 10. Et despexerunt eum.

V. Leçon.

LE Saint Prélat pour l'attacher davantage à sa personne & à son Eglise, voulut le faire Diacre; mais voyant qu'il s'en défendoit toûjours & qu'il s'en disoit indigne, il comprit par une vûë supérieure à toutes les raisons humaines, que le moyen de l'arrêter seroit de lui donner quelqu'emploi qui pust s'accommoder à son humilité. Il ne le fit donc qu'Exorciste; ce qui au jugement des autres lui devoit être une espéce d'injure; mais de peur qu'on ne crust qu'il en auroit jugé de mê-

TEntavit Hilarius imposito Diaconi Officio sibi eum arctius implicare & ministerio vincire divino: sed cum sapissimè restitisset, indignum se esse vociferans; intellexit vir altioris ingenii, hoc eum modo posse constringi si id ei officii imponeret in quo quidam locus injuriæ videretur. Itaque Exorcistam eum esse præcepit, quam ille ordinationem, ne despexisse tanquam humiliorem videretur, non repudiavit. In urbe Turonicâ Episcopatûs honorem tandem invitus populo cogente suscepit. Monasterium ædificavit, in quo cum octoginta monachis sanctissimè aliquandiù vixit. Cum postea ad condatensem vicum, suæ diocæsis in gravem febrim incidisset assidua Deum oratione precabatur ut se ex illo mortali corpore liberaret. Hoc audientes discipuli, plangentes conquerebantur, cur nos Pater deseris, aut cui nos desolatos relinquis? Quorum voce commotus Martinus in hæc verba prorupit ; Domine, si adhuc populo tuo sum necessarius, non recuso laborem.

me, il accepta volontiers cet Office. Le Clergé & le peuple de Tours l'ayant souhaité par des vœux communs pour leur Evêque, il fut contraint de se soumettre à cette grande Charge. Pour éviter le tumulte & la distraction, il se bâtit un Monastére, où il se renferma durant quelques années menant une vie tressainte avec quatre-vingts Moines qu'il avoit assemblez. Enfin par une nécessité de charité étant allé visiter la Paroisse de Candes à l'extrémité de son Diocése, il tomba dans une fiévre violente & mortelle. Comme il ne cessoit de demander ardemment à Dieu qu'il lui fist la grace de le délivrer de la prison de son corps, ses Disciples qui par leurs cris & leurs

DE SAINT MARTIN.

larmes marquoient la sincérité de leur affliction, le conjurérent de ne les pas abandonner. Il en eut le cœur attendri, & s'addressant à notre Seigneur, il lui dit ces paroles dignes de l'admiration de tous les siécles : Si je suis encore nécessaire à votre peuple, je ne fuis point le travail.

Mais vous, Seigneur, ayez pitié de nous.	*Tu autem Domine, miserere nostri.*
℟. Rendons graces à Dieu.	℟. *Deo gratias.*

Dieu, dont les jugemens sont bien differens de ceux des grands du monde, & qui ne juge pas de leur mérite par leur belle apparence extérieure, permit que la lecture qui précédoit ordinairement ces sortes d'élections tomba sur ces paroles du Pseaume 8. ℣. 3. par lesquelles il sembloit visiblement, au jugement même de tous les assistans, exclure le nommé Defenseur Evêque d'Angers, qui ambitionnant cette dignité pour lui même, s'opposoit le plus à l'élection de S. Martin. Il s'éleva aussitost un grand cri, pour demander que le nouvel Evêque fût sacré ; & le parti contraire fut confondu & dissipé. *Voyez l'Histoire de sa Vie.*

RÉPONS.

SEIGNEUR, vous avez tiré une loüange parfaite de la bouche des enfans	EX ore infantium & lactentium, Domine, * Perfecisti laudem propter ini-

micos tuos, ut destruas inimicum & Defensorem. Pf. 8. 3.

& de ceux qui sont à la mammelle pour confondre vos adversaires, & pour perdre l'ennemi & le Défenseur.

℣. *Qui amat primatum gerere in eis, & verbis malignis garriens in eum de Ecclesia ejicit.* 3. Johan. 9. 10. *Perfecisti laudem, &c.*

℣. Qui aime à tenir le premier rang parmi eux, & en semant contre lui des médisances, le chasse de l'Eglise.

VI. Leçon.

Sed cum in illâ vehementi febre supinum orantem viderent discipuli, suppliciter ab eo petierunt; ut saltem vilia sibi sineret stramenta supponi. Quibus respondit: Non decet, filii, Christianum nisi in cinere mori: ego si vobis aliud exemplum relinquo, ipse peccavi. Et cum à Pre-

Le Saint oubliant son mal, n'étoit occupé que de l'oraison & de la présence de Dieu: ses Disciples qui avoient peine à le voir étendu sur la cendre & sur le cilice, le prièrent de souffrir au moins qu'on le mît sur une paillasse. Il leur répondit qu'un Chrétien devoit mourir en cet état, &

qu'il seroit coupable s'il leur donnoit un autre exemple. Les Prêtres qui étoient accourus en foule le voyant toûjours sur le dos, interrompirent de nouveau son oraison, & le prièrent de trouver bon qu'on le retournast pour le soulager; mais il leur demanda comme une grace, qu'ils lui laissassent plûtost regarder le Ciel que la terre, afin que son corps ne perdist point de vûë le chemin que son Ame alloit faire vers son Seigneur. Il ne parla plus que pour chasser le démon, qui s'étoit mêlé parmi les Assistans : Bête cruelle, lui dit-il, que cherches-tu ici ? tu ne trouveras rien en moi qui t'appartienne. En prononçant ces mots, il rendit son Ame à Dieu, âgé de quatre-vingts & un an.

Mais vous, Sei-

sbyteris qui ad eum confluxerant, rogaretur, ut converso corpore tantisper, dum remitteret morbi vis, pronus conquiesceret : ait, sinite me cœlum potiùs quàm terram aspicere, ut suo jam itinere iturus ad Dominum spiritus dirigatur. Instante jam morte, viso humani generis hoste, dixit : Quid astas cruenta bestia ? nihil in me funesti reperies. In eâ voce unum, & octoginta annos natus animam Deo reddidit.

Tu autem Domine,

F iij

miserere nostri. gneur, ayez pitié de nous.

℟. *Deo gratias.* ℟. Rendons graces à Dieu.

Il ne fut pas plûtost chargé de cette dignité, qu'il en éxerça toutes les fonctions avec toute la fidélité & l'éxactitude que l'on pouvoit désirer; & le bruit de ses vertus se répandit bien-tost par tout. Il combattit fortement les infidéles, & ses travaux furent assez heureux pour lui attirer les cœurs de la plûpart des idolâtres plûtost que de les irriter.

RE'PONS.

*Sicut catulus leonis rugiens in venatione persecutus est iniquos, congregavit pereuntes. *Et nominatus est usque ad novissimum terræ.* 1. Mach. 3. 4. 5. 9.

Comme un lionceau qui rugit voyant sa proye, il poursuivit les méchans; il rassembla ceux qui étoient préts de périr; & son nom devint célèbre jusques aux extrémitez du monde.

℣. *Hunc quem negaverunt, Deus principem misit; hic eduxit illos faciens prodigia & signa.* Act. 7. 35. 36.

Et nominatus est.

℣. Cet homme qu'ils avoient rejetté, fut celui-là même que Dieu leur envoya pour Chef; ce fut lui qui les délivra en faisant des prodiges & des miracles.

III. NOCTURNE.

PSEAUME 8.

SEigneur notre *souverain* Maître, que la gloire de votre Nom paroist admirable dans toute la terre !

Domine Dominus noster, quàm admirabile est nomen tuum in universa terra !

Car votre grandeur est élevée au-dessus des Cieux.

Quoniam elevata est magnificentia tua super cœlos.

Vous avez formé dans la bouche des enfans & de ceux qui sont encore à la mammelle, une loüange parfaite, pour confondre vos adversaires, & pour détruire l'ennemi, & celui qui veut se venger.

Ex ore infantium & lactentium perfecisti laudem propter inimicos tuos, ut destruas inimicum & ultorem.

Quand je considére vos cieux, qui sont les ouvrages de vos doigts, la lune & les étoiles que vous avez affermies ;

Quoniam videbo cœlos tuos, opera digitorum tuorum : lunam & stellas, quæ tu fundasti.

Je m'écrie : Qu'est-

Quid est homo,

quòd memor es ejus ? aut filius hominis, quoniam visitas eum ?

ce que l'homme, pour *mériter* que vous vous souveniez de lui, ou le fils de l'homme, pour *être digne* que vous le visitiez ?

Minuisti eum paulò minùs ab Angelis; gloriâ & honore coronasti eum, & constituisti eum super opera manuum tuarum.

Vous ne l'avez qu'un peu abaissé au dessous des Anges ; vous l'avez couronné de gloire & d'honneur, & vous l'avez établi sur les ouvrages de vos mains.

Omnia subjecisti sub pedibus ejus, oves & boves universas, insuper & pecora campi.

Vous avez mis toutes choses sous ses pieds, & les lui avez assujetties ; toutes les brebis & tous les bœufs, & même les bêtes des champs.

Volucres cæli, & pisces maris, qui perambulant semitas maris.

Les oiseaux du ciel, & les poissons de la mer, qui se proménent dans les sentiers de l'océan.

Domine Dominus noster, quàm admirabile est nomen tuum in univer-

Seigneur notre *souverain* Maître, que *la gloire de* votre Nom paroist admirable dans toute la terre ! *ſa terra !*

Gloire ſoit au Pere, &c.   *Gloria Patri, &c.*

ANTIENNE.

Son cœur étant plein de force & de zéle pour l'obſervation des préceptes du Seigneur, il fit abbatre les hauts lieux & les bois conſacrez aux idoles.   *Cumque ſumſiſſet cor ejus audaciam propter vias Domini, etiam excelſa & lucos abſtulit.* 2. Paral. c. 17. v. 6.

Il ruina un grand nombre de temples ; il abbatît bien des arbres que les païens honoroient comme ſacrez & pleins de divinité ; il y courut ſouvent riſque de la vie, mais la vûë du péril ne le fit jamais reculer.

PSEAUME 9.

JE vous loüerai, Seigneur, de toute l'étenduë de mon cœur : je raconterai toutes vos merveilles.   *COnfitebor tibi, Domine, in toto corde meo : narrabo omnia mirabilia tua.*

Je me réjoüirai en vous, & je ferai paroître ma joie *au dehors* : je chanterai à *la gloire de* vôtre   *Lætabor & exultabo in te : pſallam nomini tuo, Altiſſime :*

Nom, vous qui êtes le Tres-haut.

In convertendo inimicum meum retrorsum : infirmabuntur & peribunt à facie tua.

Quand vous aurez renversé & fait tourner en arriére mon ennemi, *ceux qui me haïssent* tomberont dans la derniere foiblesse, & périront devant votre face.

Quoniam fecisti judicium meum & causam meam : sedisti super thronum qui judicas justitiam.

Parce que vous m'avez rendu justice, & que vous vous êtes déclaré pour ma cause : vous vous êtes assis sur votre trôtre, vous qui jugez selon la justice.

Increpasti gentes, & periit impius : nomen eorum delesti in æternum, & in sæculum sæculi.

Vous avez repris & traité avec rigueur les nations, & l'impie a péri : Vous avez effacé leur nom pour toute l'éternité, & dans tous les siécles des siécles.

Inimici defecerunt framea in finem : & civitates eorum destruxisti.

Les armes de l'ennemi ont perdu leur force pour toûjours;

DE SAINT MARTIN. 71

& vous avez détruit leurs villes.

Leur memoire a péri avec grand bruit: mais le Seigneur demeure éternellement.

Periit memoria eorum cum sonitu: & Dominus in æternum permanet.

Il a préparé son trône pour exercer son jugement ; & il jugera lui-même toute la terre dans l'équité, il jugera les peuples avec justice.

Paravit in judicio thronum suum: & ipse judicabit orbem terræ in æquitate, judicabit populos in justitia.

Le Seigneur est devenu le refuge du pauvre ; & il vient à son secours lorsqu'il en a besoin, & qu'il est dans l'affliction.

Et factus est Dominus refugium pauperi: adjutor in opportunitatibus, in tribulatione.

Que ceux-là espérent en vous, qui connoissent votre *saint* Nom; parce que vous n'avez point abandonné, Seigneur, ceux qui vous cherchent.

Et sperent in te qui noverunt nomen tuum: quoniam non dereliquisti quærentes te, Domine.

Chantez des Can-

Psallite Domino,

qui habitat in Sion: annunciate inter gentes studia ejus.

Quoniam requirens sanguinem eorum recordatus est: non est oblitus clamorem pauperum.

Miserere mei, Domine: vide humilitatem meam de inimicis meis.

Qui exaltas me de portis mortis, ut annuncient omnes laudationes tuas in portis filiæ Sion.

Exultabo in salutari tuo: infixæ sunt gentes in interitu, quem fecerunt.

tiques au Seigneur, qui demeure dans Sion: annoncez parmi les nations *la sagesse de* ses conseils.

Parce qu'il s'est souvenu du sang de ses serviteurs, pour en prendre la vengeance: il n'a point mis en oubli le cri des pauvres.

Ayez pitié de moi, Seigneur: voyez l'état d'humiliation où mes ennemis m'ont réduit.

Vous qui me relevez & me retirez des portes de la mort, afin que j'annonce toutes vos loüanges aux portes de la ville de Sion.

Je serai transporté de joye, à cause du salut que vous m'aurez procuré. Les nations se sont elles mêmes engagées dans

dans la fosse qu'elles avoient faites pour m'y faire périr.

Leur pied a été pris dans le même piége quelles avoient tendu en secret.

Le Seigneur sera reconnu en éxerçant ses jugemens : Le pécheur a été pris dans les œuvres de ses mains.

Que les pécheurs soient précipités dans l'enfer ; & toutes les nations qui oublient Dieu.

Car le pauvre ne sera pas en oubli pour jamais : la patience des pauvres ne sera pas frustrée pour toûjours.

Levez-vous, Seigneur, que l'homme ne s'affermisse pas dans sa puissance : que les nations soient jugées devant vous.

In laqueo isto quem absconderunt, comprehensus est pes eorum.

Cognoscetur Dominus judicia faciens : in operibus manuum suarum comprehensus est peccator.

Convertantur peccatores in infernum, omnes gentes quæ obliviscuntur Deum.

Quoniam non in finem oblivio erit pauperis : patientia pauperum non peribit in finem.

Exurge, Domine, non confortetur homo : judicentur gentes in conspectu tuo.

G

Constitue, Domine, legislatorem super eos: ut sciant gentes quoniam homines sunt.

Etablissés, Seigneur, un legislateur sur eux; afin que les nations connoissent qu'ils sont hommes.

Gloria Patri, & Filio, &c.

Gloire soit au Pére, &c.

Antienne.

Vidit impium sepultum in loco sancto, & laudabatur in civitate quasi justorum operum. Eccl. 8. 10.

Il vit un impie enseveli dans un lieu saint, qui étoit loüé dans la cité comme si ses œuvres eussent été justes.

Il y avoit dans le voisinage un lieu consacré par la fausse opinion du peuple à la mémoire des Martyrs comme s'il y en eust eu quelqu'un d'enterré.

Du Pseaume 9.

Ut quid, Domine, recessisti longè, despicis in opportunitatibus, in tribulatione?

Pourquoi, Seigneur, vous êtes-vous retiré loin de moi, & dédaignez-vous de me regarder dans le temps de mon besoin & de mon affliction?

Dum superbit impius, incenditur pau-

Tandis que l'impie s'enfle d'orgueil,

DE SAINT MARTIN. 75

le pauvre est brûlé : Ils sont trompez dans les pensées dont leur esprit est occupé.

Parce que le pécheur est loüé dans les desirs de son ame, & que le méchant est beni.

Le pécheur a irrité le Seigneur ; & à cause de la grandeur de sa colére, il ne se mettra plus en peine de le chercher.

Dieu n'est point devant ses yeux : ses voies sont soüillées en tout temps.

Vos jugemens sont ôtés de devant sa vûë ; il dominera tous ses ennemis.

Car il a dit en son cœur : Je ne serai point ébranlé ; & de race en race *je vivrai toûjours sans souffrir* aucun mal.

Sa bouche est plei-

per : comprehenduntur in consiliis quibus cogitant.

Quoniam laudatur peccator in desideriis animæ suæ, & iniquus benedicitur.

Exacerbavit Dominum peccator, secundum multitudinem iræ suæ non quæret.

Non est Deus in conspectu ejus : inquinatæ sunt viæ illius in omni tempore.

Auferuntur judicia tua à facie ejus : omnium inimicorum suorum dominabitur.

Dixit enim in corde suo : Non movebor à generatione in generationem sine malo.

Cujus maledictio-

G ij

ne os plenum est, & amaritudine, & dolo: sub lingua ejus labor & dolor.

Sedet in insidiis cum divitibus in occultis, ut interficiat innocentem.

Oculi ejus in pauperem respiciunt: insidiatur in abscondito, quasi leo in spelunca sua.

Insidiatur ut rapiat pauperem: rapere pauperem dum attrahit eum.

In laqueo suo humiliabit eum, inclinabit se, & cadet cùm dominatus fuerit pauperum.

ne de malediction, d'amertume, & de tromperie; le travail & la douleur sont sous sa langue.

Il se tient assis en embuscade avec les riches dans les lieux cachés, afin de tuer l'innocent.

Ses yeux regardent toûjours le pauvre: il lui dresse des embûches dans le secret, ainsi qu'un lion dans sa caverne.

Il se tient en embuscade, afin d'enlever le pauvre; afin *dis-je*, d'enlever le pauvre lorsqu'il l'attire *par ses artifices*.

Il le jettera par terre *aprés* qu'il l'aura *surpris* dans son piége; il se baissera, & il tombera *avec violence* sur les pauvres lorsqu'il se sera rendu maître d'eux.

Car il a dit en son cœur : Dieu a mis cela en oubli ; il a détourné son visage, pour n'en voir jamais rien.

Dixit : enim in corde suo ; Oblitus est Deus, avertit faciem suam ne videat in finem.

Levez-vous, Seigneur mon Dieu ; élevez votre main puissante, & n'oubliez pas les pauvres.

Exurge, Domine Deus, exaltetur manus tua ; ne obliviscaris pauperum.

Pour quelle raison l'impie a-t'il irrité Dieu ? C'est qu'il a dit en son cœur : Il n'en recherchera point la vengeance.

Propter quid irritavit impius Deum ? dixit enim in corde suo : Non requiret.

Mais vous voyez ce qui se passe ; car vous considérez le travail & la douleur dont le juste est accablé, afin de livrer entre vos mains ceux qui l'oppriment.

Vides, quoniam tu laborem & dolorem consideras : ut tradas eos in manus tuas.

C'est à vous que le soin du pauvre a été laissé : vous serez le protecteur de l'orphelin.

Tibi derelictus est pauper : orphano tu eris adjutor.

Contere brachium peccatoris & maligni : quæretur peccatum illius, & non invenietur.

Brisez le bras du pécheur & de celui qui est rempli de malice : & l'on cherchera son péché, sans qu'on puisse le trouver.

Dominus regnabit in æternum, & in sæculum sæculi : per ibitis, gentes, de terra illius.

Le Seigneur règnera éternellement & dans les siécles des siécles : & vous, nations, vous périrez & serez exterminées de sa terre.

Desiderium pauperum exaudivit Dominus : præparationem cordis eorum audivit auris tua.

Le Seigneur a éxaucé le désir des pauvres : votre oreille, ô mon Dieu, a entendu la préparation de leur cœur.

Judicare pupillo & humili, ut non apponat ultrà magnificare se homo super terram.

Pour juger en faveur de l'orphelin & de celui qui est opprimé, afin que l'homme n'entreprenne plus de s'élever sur la terre.

Gloria Patri, & Filio, &c.

Gloire soit au Pére, & au Fils, &c.

ANTIENNE.

Il fit tirer ses os du sepulcre, & pour ce qui est de l'Autel qui y étoit, il le détruisit & le réduisit en poudre.

Tulit ossa de sepulcro, insuper & altare destruxit, & comminuit in pulverem. 4. Reg. 23. 16. 15.

Mais Saint Martin n'ayant pû apprendre de qui que ce soit, ni le nom du Martyr, ni le tems de sa passion, eut recours à Dieu pour en découvrir la vérité ; ce que Dieu lui ayant accordé, & ayant sçu que c'étoit un voleur qu'on avoit exécuté pour ses crimes, il détruisit l'Autel, jetta les os, & réduisit tout en poudre.

℣. Ce qui restera des méchans sera détruit.

℣. *Reliquiæ impiorum interibunt.*

℟. Aussi-tost qu'ils se seront vûs élevez en honneur & en gloire, ils disparoîtront comme la fumée.

℟. *Mox ut honorificati fuerint & exaltati, deficientes quemadmodum fumus deficient.* Ps. 36. 38. 21.

C'est ainsi que les impies seront exterminez comme la fumée à laquelle on les compare, plus elle s'éleve en haut, plus elle est prête de se dissiper.

VII. Leçon.

De l'Evangile selon saint Luc. Ch. 11. 33.

Lectio Sancti Evangelii secundùm Lucam.

IN illo tempore: Dixit Jesus Discipulis suis: Nemo accendit lucernam, & in abscondito ponit, neque sub modio; sed supra candelabrum, ut qui ingrediuntur lumen videant. Et reliqua.

EN ce temps-là: Jesus dit à ses Disciples: Il n'y a personne qui ayant allumé une lampe la mette en un lieu caché, ou sous un boisseau; mais il la met sur un chandelier, afin que ceux qui entrent, voient la lumiére. Et le reste.

Homilia Sancti Bernardi Abbatis.
Serm. de exempl. obedientiæ.

Homelie de Saint Bernard Abbé.

MArtinus lucerna erat ardens & lucens. Eum saltem non pigeat imitari, sed imitari in eo quod est imitabile, non autem quod mirabile exhibetur. Ad

MArtin étoit cette lampe ardente & luisante dans la Maison de Dieu. Il s'agit de l'imiter dans ce qui peut être imité; je ne vous parle pas de ce qui ne

DE SAINT MARTIN.

peut être qu'admiré. Vous voila à la Table du Roy, c'est à vous à considérer éxactement ce qu'il y fait servir devant vous. Vous devez mettre de la différence entre les mets, & les vases dans lesquels on vous les présente ; vous êtes le maître, que dis-je, on vous ordonne d'emporter ceux-là, mais on ne vous abandonne point ceux-cy. Martin est cet homme riche ; il est riche en mérites, riche en miracles, riche en vertus, riche en œuvres prodigieuses. Faites donc usage de votre discernement ; voici des choses qui sont au dessus de vos forces, & que vous ne pouvez qu'admirer ; en voici d'autres qui sont de votre portée, & qu'il est en votre pouvoir, & de votre devoir d'imiter.

mensam divitis sedes hodie, diligenter considera quæ tibi apponuntur. Discerne inter cibos & vasa ciborum ; illos enim juberis tollere, sed non ista. Dives est iste Martinus, dives in meritis, dives in miraculis, dives in virtutibus, dives in signis. Diligenter ergo considera quæ tibi apponuntur, quænam videlicet ad admirationem, quæ verò ad imitationem ; considera quid apponitur, & in quo.

Mais vous, Sei- *Tu autem Domi-*

ne, miserere nostri. gneur, ayez pitié de nous.

℟. Deo gratias. ℟. Rendons graces à Dieu.

L'Empereur Valentinien ayant été averti que Saint Martin devoit venir lui demander une grace pour des personnes à qui il ne la vouloit pas accorder, il deffendit qu'on le laissast entrer dans son Palais. Le Saint eut recours à ses armes ordinaires, & aprés six jours de prieres & de jeûnes, il entra jusqu'au Trône de l'Empereur, sans trouver aucun obstacle. Ce Prince se mit d'abord fort en colére, & ne daignoit pas se lever. Mais le feu qui se mit à son siége l'ayant obligé de le faire, il alla embrasser ce S. Evêque, & lui accorda tout ce qu'il désiroit. *Voyez dans l'Histoire de sa Vie.*

RE'PONS.

Cum invocasset Deum, stetit contra Regem; cumque rex ardentibus oculis furorem pectoris indicasset, convertit Deus spiritum regis in mansuetudinem & * Festinus ac metuens exilivit de solio, & osculatus est eum. Est. 15. 5. 9. 10.

Ayant invoqué le Seigneur, il se présenta devant le Roi, & aussi-tost que le Roi eut fait paroître au dehors par ses yeux étincelans la fureur dont il étoit saisi, en même temps Dieu changea le cœur de ce Prince, & lui inspira de la douceur; & il se leva tout d'un coup de son trône, poussé par la crainte, & l'embrassa.

℣. Se trouvant au milieu d'un feu allumé par la vengeance du Seigneur.

℣. *In flamma ignis dantis vindictam à facie Domini.* 2. Thess. 1. 8. 9.

* *Festinus, &c.*

VIII. Leçon.

Martin a ressuscité trois morts. Jesus-Christ au rapport des Evangelistes n'en a pas ressuscité davantage. Il a rendu la vûë aux aveugles, l'oüie aux sourds, la parole aux muets; il a fait marcher droit les boiteux, il a rendu l'usage de leurs membres à ceux qui en étoient perclus. Il s'est préservé par le mérite de sa Foy des périls qui paroissoient naturellement inévitables; il a surmon-

Suscitavit Martinus tres mortuos, quot nimirum Salvatorem legerat suscitasse. Reddidit visum cœcis, surdis auditum, mutis loquelam, claudis gressum, aridis sospitatem; evasit divinâ virtute pericula; proprii corporis obice flammas repulit; immanem sacrilegâ machinâ molem columnâ parili è cœlo descendente prostravit; leprosum mundavit osculo, curavit oleo paraliticam, dæmo-

nes vicit, Angelos vidit, futura prævidit. Verùm hæc quidem cæteraque ejufmodi altiffima quæ fecit magnalia, quidni mirifica quædam vafa dixerim divitis hujus auro gravia, gemmis micantia, pariterque materiâ & opere pretiofa. Noli in his faporem quærere, fed mirare fplendorem.

té la violence du feu en fe jettant lui même au milieu des flammes ; il a brifé une idole qui étoit l'objet d'une adoration facrilége, & la colomne d'une hauteur prodigieufe qui lui fervoit de baze, en faifant defcendre du Ciel une autre colomne de pierre qui mit l'une & l'autre en poudre ; il a guéri un lépreux par un baifer, & une fille paralytique par l'huile bénite. Il a triomphé des démons. Il a vû des Anges venir à fon fecours ; il a joüi quelquefois de la préfence de ces Efprits bien-heureux ; il a prédit clairement l'avenir. Ne pouvons-nous pas appeller ces œuvres merveilleufes qu'il a opérées des vafes d'or de ce Riche de l'Evangile chargez de pierres précieufes, & autant admirables pour le travail, que pour la matiére. Ce n'eft pas ici que le goût fe doit repaître, mais que l'admiration doit s'exercer.

Tu autem Domi-   Mais vous, Seiayez

gneur, ayez pitié de nous. ne, miserere nostri.

℞. Rendons graces à Dieu. ℞. Deo gratias.

Une fois, comme il abbatoit un temple dans le territoire d'Autun, une troupe d'idolâtres se jetta sur lui, & l'un d'eux ayant tiré l'épée, comme il levoit le bras pour le tuer, il tomba à la renverse, saisi de frayeur; mais ayant demandé pardon de sa faute, il l'obtint aussi facilement d'un Saint, qui étoit trop instruit de la doctrine de JESUS-CHRIST, pour y manquer, que le Roi Jeroboam avoit autrefois obtenu la guerison de sa main qui lui étoit restée seche & immobile & dans l'état qu'il l'avoit élevée contre le Prophete qui lui annonçoit de la part de Dieu le renversement de ses Autels, & la punition severe de ses Prêtres idolâtres.

RE'PONS.

UN homme aïant levé sa main contre lui, elle sécha ; le saint homme de Dieu pria le Seigneur, & cet homme retira sa main à lui, & elle devint comme elle étoit auparavant.

EXaruit manus quam extenderat quidam contra eum, * Oravitque vir Dei, & reversa est manus ejus, & facta est sicut prius. 3. Reg. 13. 4. 6.

℣. Je vous dis : Aimez vos ennemis ; ℣. Dico vobis : Diligite inimicos vestros, benefacite his qui oderunt vos, & orate pro persequentibus vos. Matth. 5. 44.

faites du bien à ceux qui vous haïssent, & priez pour ceux qui vous persecutent.

* Oravitque, &c.

IX. Leçon.

Cæterùm ne putaveris ornatas quidem Martini lampades, sed vacuas inveniri, non est fatua virgo, habet in vasis oleum, habet vinum in phialis, habet intra paropsides istas ciborum copiam, delicias utique spiritales, ut non modò videant & mirentur, sed edant pauperes & saturentur ; atque in illis quidem Dominum laudent, porrò in his vivant corda eorum. Ut ergo sit jucunda decoraque laudatio in admiratione, &

Mais ne croiez pas que la lampe de Martin soit seulement riche en ornements, elle est encore pleine d'huile ; ce n'est pas icy une vierge folle qui ait manqué de faire sa provision d'huile & de vin ; tout est icy en abondance, ses plats y sont sans nombre, chargez de viandes delicieuses & succulentes pour la nourriture des ames ; les pauvres n'y sont pas seulement invitez pour voir & pour admirer, mais pour manger & se rassasier pleinement à la table du riche, qui a préparé le festin pour loüer le Seigneur dans ses bienfaits, & dans ses ouvrages, pour r'animer enfin dans leurs cœurs le goût des biens celestes, ou plutost pour leur donner la vie. C'est ainsi que la louange & l'admiration seront parfaites, s'ils prennent soin de nourrir leurs ames

tiam vivant ex imitatione; & ut avidiùs sumant delicias, ipsas quoque divitias curiosiùs contemplentur. Sic nimirùm inter splendorem & fervorem lucernæ hujus, vicariis quibusdam affectibus discurrendum ut nobis alter ex altero commendetur, & ex mutua collatione uterque complacitior fiat.

par l'imitation. Plus ils auront de curiosité & d'empressement, pour contempler à fond les richesses qui leur sont exposées, plus ils goûteront agreablement les délices, ausquelles ils sont invitez. Voicy d'une part la lumiere, de l'autre l'ardeur; servons-nous de nos desirs; faisons-les marcher au lieu de nous, tantost pour chercher l'éclat qui brille, tantost pour nous approcher du feu qui échauffe, l'un nous fera estimer l'autre. Et en les comparant, nous nous les rendrons tous deux plus chers, plus doux, & plus salutaires.

H ij

Tu autem, Domine, miserere nostri.

℞. *Deo gratias.*

Mais vous, Seigneur, ayez pitié de nous.

℞. Rendons graces à Dieu.

RE'PONS.

*DEprecabatur Dominum, lumbos cilicio præcinctus, & * Apparuerunt de cœlo viri, ex quibus duo medium ipsum habentes, armis suis circunseptum * Incolumem conservabant.* 2. Mach. 10. 25. 29. 30.

IL conjuroit le Seigneur, ayant ceint ses reins d'un cilice, & l'on vit paroître du ciel des hommes, deux d'entre lesquels marchant à ses côtés, le couvroient de leurs armes, afin qu'il ne pût être blessé.

Comme ce Saint n'avoit point d'autres armes que la priere & le jeûne, on vit quelquesfois des Anges, la pique d'une main, & le bouclier de l'autre, venir à son secours, comme étant envoyez de Dieu, pour le garentir des insultes des peuples, & des efforts qu'ils faisoient pour empêcher la démolition de leurs temples, & le renversement de leurs idoles.

℣. *Cùm factus esset impetus gentilium, ut contumeliis afficerent eum, & lapida-*

℣. Les Gentils voulant se jetter sur lui, pour l'outrager, & pour le lapider ;

DE SAINT MARTIN.

	rent. Act. 14. 5.
L'on vit paroître du ciel des hommes, deux d'entre lesquels marchant à, &c.	* Apparuerunt, &c.
Gloire, &c.	Gloria. &c.
Le couvroient, &c.	* Incolumem. &c.

C'est ainsi que Dieu en avoit usé autrefois, pour marquer sa protection sur Judas Machabée, & manifester sa gloire en sa personne.

HYMNE.

Notre voix te benit, notre cœur te revere,	TE Deum laudamus, te Dominum confitemur.
Grand Dieu, souverain Maître, inconcevable Pere, Tes enfans répandus en cent climats divers, T'adorent comme Roi de ce grand univers.	Te æternum Patrem omnis terra veneratur.
Ces celestes Esprits qui vivent de toi-même Relevent à l'envi ta puissance suprême. Des Thrônes, des	Tibi omnes Angeli, tibi cœli & universæ potestates.

H iij

dentibus regna cœlorum.	divin effort,
	Mourant, tu fis mourir l'aiguillon de la mort,
	Et sortant du tombeau, tu r'ouvris aux Fideles
	Du celeste Palais les portes éternelles.
Tu ad dexteram Dei sedes in gloria Patris.	Tu regnes dans l'Olympe assis au plus haut lieu
	Dans la gloire du Pere, à la droite de Dieu.
Judex crederis esse venturus.	Et nous croyons qu'un jour armé de ton tonnerre,
	Tu viendras dans les airs juger toute la terre.
Te ergo quæsumus, famulis tuis subveni, quos pretioso sanguine redemisti.	Combats donc pour les tiens, & protege des Cieux Tes captifs rachetez de ton Sang précieux.
Æternâ fac cum Sanctis tuis in gloriâ numerari.	Mets-nous entre ces Saints que ton Pere te donne,

DE SAINT MARTIN.

Pour porter avec toi ta Royale Couronne.

Seigneur, sauve ton peuple, assiste tes enfans,
Salvum fac populum tuum, Domine, & benedic hæreditati tuæ.

Fais vaincre tes soldats, & les rend triomphans.
Et rege eos, & extolle illos usque in æternùm.

Avant que le grand Astre ouvre au Ciel sa carriere,
Per singulos dies benedicimus te.

Nos voix, pour te benir, préviennent sa lumiere.
Et laudamus nomen tuum in sæculum, & in sæculum sæculi.

Guide aujourd'hui nos pas, aide-nous à marcher;
Dignare, Domine, die isto sine peccato nos custodire.

Pardonne nos péchez, garde-nous de pécher.
Miserere nostri, Domine, miserere nostri.

L'homme, pour te servir, n'ayant rien de soi-même,
Fiat misericordia tua, Domine, super nos, quemadmodum speravimus in te.

Toute notre esperance est ta bonté suprême;

C'est notre unique

OFFICE

In te, Domine, speravi, non confundar in æternum.

appui, notre bien, notre paix.

Qui n'espere qu'en toi, ne perira jamais.

℣. SACERDOTAL.

In omni opere dedit confessionem Sancto.

Dans toutes ses œuvres il a rendu ses actions de graces au Saint.

℞. *Et Excelso in verbo gloriæ.* Eccli. 47. 9.

Et il a beni le Tres-haut par des paroles pleines de sa gloire.

A LAUDES.

Pseaume 69. ℣. 1.

Deus in adjutorium, &c. comme aux premieres Vespres.

Venez à mon aide, ô mon Dieu, &c.

Gloria Patri, &c. Alleluia.

Gloire au Pere, &c. Louez Dieu.

Pseaume 92.

Dominus regnavit, decorem

Le Seigneur a regné, & a été re-

DE SAINT MARTIN.

vêtu de gloire & de majesté: le Seigneur a été revêtu de force, & s'est préparé *pour un grand ouvrage.*

Car il a affermi le vaste corps de la terre, en sorte qu'il ne sera point ébranlé.

Votre trône, ô Dieu, étoit établi dés lors; vous êtes de toute éternité.

Les fleuves, Seigneur, ont élevé, les fleuves ont élevé leur voix.

Les fleuves ont élevé leurs flots, par l'abondance des eaux qui retentissoient avec grand bruit.

Les soulévemens de la mer sont admirables: *mais* le Seigneur qui est dans les cieux est *encore plus* admirable.

Vos témoignages, Seigneur, sont très-

indutus est: indutus est Dominus fortitudinem, & præcinxit se.

Etenim firmavit orbem terræ, qui non commovebitur.

Parata sedes tua ex tunc: à sæculo tu es.

Elevaverunt flumina, Domine: elevaverunt flumina vocem suam.

Elevaverunt flumina fluctus suos, à vocibus aquarum multarum.

Mirabiles elationes maris, mirabilis in altis Dominus.

Testimonia tua credibilia facta sunt

nimis ; *domum tuam decet sanctitudo, Domino, in longitudinem dierum.*

dignes de créance. La sainteté doit être l'ornement de votre maison dans toute la suite des siécles.

Gloria Patri, &c.

Gloire soit au Pére.

ANTIENNE.

Cùm appropinquare cerneret diem mortis suæ ; vocavit filios suos, & dixit ad eos : Ego senui & progressioris ætatis sum ; en ingredior viam universa terra. Gen. 47. 29. Jos. 23. 3. 14.

Comme il vit que le jour de sa mort approchoit, il appella ses enfans, & leur dit : Vous voyez que je suis vieil, & dans un âge fort avancé ; je sens bien que je m'en vas mourir incessamment.

Saint Martin, qui parmi tous les dons célestes dont Dieu l'avoit favorisé, avoit reçu celui de prévoir ce qui devoit arriver ; se voïant âgé de quatre-vingt-un an, avertit ses enfans, c'est à dire, les Réligieux de Marmoutier, que le dernier de ses jours approchoit, afin de les disposer, & les résoudre de bonne heure à cette dure séparation.

PSEAUME 99.

Jubilate Deo omnis terra : servite Domino in latitia.

Chantez dans de saints transports à la gloire de Dieu, vous tous habitans de

DE SAINT MARTIN.

de la terre ; servez le Seigneur avec joie.

Entrez & présentez-vous devant lui dans de saints ravissemens.

Introïte in conspectu ejus, in exultatione.

Sçachez que le Seigneur est *le vrai Dieu* ; que c'est lui qui nous a faits, & que nous ne nous sommes pas faits nous mêmes.

Scitote quoniam Dominus ipse est Deus : ipse fecit nos, & non ipsi nos.

Vous qui êtes son peuple, & qu'il nourrit comme ses brebis, entrez par les portes de son *tabernacle* en l'honorant par vos loüanges, & dans sa maison en chantant des hymnes ; glorifiez-le par vos actions de graces.

Populus ejus, & oves pascuæ ejus, introïte portas ejus in confessione, atria ejus in hymnis : confitemini illi.

Loüez son Nom, car le Seigneur est plein de douceur ; sa miséricorde est éternelle, & sa vérité s'étendra dans la suite

Laudate nomen ejus : quoniam suavis est Dominus, in æternum misericordia ejus ; & usque in generationem &

generationem veritas ejus.

Gloria Patri, &c.

de toutes les races.

Gloire soit au Pére

Antienne.

Elevatâ voce, flere cœperunt, quibus respondit: Nolite, quæso, nolite, quia vestra angustia magis me premit. Et rursùm elevatâ voce, flere cœperunt. Ruth. 1. 9. 11. 13.

Aussi-tost élevant leurs voix, ils se mirent à pleurer; & il leur dit: Non, mes enfans, je vous prie, car votre affliction ne fait qu'accroître la mienne; & élevant derechef leurs voix, ils recommencerent à pleurer.

Les cris qu'ils firent alors, & les larmes qu'ils repandirent, marquoient bien la douleur qu'ils avoient de se voir privez d'un si bon pere; & comme s'il eût esté le maistre de sa vie & de sa mort, ils le conjuroient de ne les pas abandonner.

Pseaume 62.

DEus, *Deus meus, ad te de luce vigilo.*

O Dieu, ô mon Dieu! je veille & j'aspire vers vous dés que la lumiére paroît.

Sitivit in te anima mea, quàm mul-

Mon ame brûle d'une soif ardente

pour vous. Et en com-
bien de maniéres ma
chair se sent-elle
aussi pressée de cet-
te ardeur ?

Dans cette terre
deserte où je me
trouve, & où il n'y
a ni chemin, ni eau,
je me suis présenté
devant vous comme
dans votre sanctuai-
re pour contempler
votre puissance & vo-
tre gloire.

Parce que votre
misericorde est pré-
ferable à toutes les
vies : mes lévres se-
ront occupées à vous
loüer.

Ainsi je vous be-
nirai tant que je vi-
vrai, & je leverai
mes mains *vers le ciel*,
en invoquant votre
nom.

Que mon ame soit
remplie, & comme
rassasiée & engrais-

*tipliciter tibi caro
mea.*

*In terra deserta,
& invia, & ina-
quosa: sic in sancto
apparui tibi, ut vi-
derem virtutem
tuam, & gloriam
tuam.*

*Quoniam melior
est misericordia tua
super vitas : labia
mea laudabunt te.*

*Sic benedicam te
in vita mea; & in
nomine tuo levabo
manus meas.*

*Sicut adipe &
pinguedine repleatur
anima mea : & la-*

L ij

biis exultationis laudabit os meum.

sée, & ma bouche vous loüera dans de saints transports de joie.

Si memor fui tui super stratum meum, in matutinis meditabor in te : quia fuisti adjutor meus.

Si je me suis souvenu de vous étant sur mon lit, je serai tout occupé le matin de la méditation de votre *grandeur*; parce que vous avez pris ma défense.

Et in velamento alarum tuarum exultabo, adhæsit anima mea post te : me suscepit dextera tua.

Et je me réjoüirai à l'ombre de vos ailes ; mon ame s'est attachée à vous suivre, & votre droite m'a soutenu.

Ipsi verò in vanùm quæsierunt animam meam, introibunt in inferiora terræ : tradentur in manus gladii, partes vulpium erunt.

Quant à eux, c'est en vain qu'ils ont cherché à m'ôter la vie. Ils entreront dans les parties les plus basses de la terre ; ils seront livrez à l'épée, ils deviendront le partage des renards.

Rex verò lætabitur in Deo, lauda-

Mais pour le Roi, il se réjoüira en Dieu ;

tous ceux qui gardent le serment qu'ils lui ont prêté, recevront des loüanges, parce que la bouche de ceux qui disoient des choses injustes a été fermée.

buntur omnes qui jurant in eo: quia obstructum est os loquentium iniqua.

A l'usage de Rome & de Paris, on joint le Pseaume suivant sous un seul Gloria Patri, &c.

PSEAUME 66.

QUe Dieu ait enfin pitié de nous, & nous comble de ses benedictions: qu'il répande sur nous la lumiere de son visage, & qu'il fasse éclater sur nous sa misericorde.

Deus misereatur nostri, & benedicat nobis: illuminet vultum suum super nos, & misereatur nostri.

Afin que nous connoissions, Seigneur, votre voie sur la terre, & que le salut que vous procurez, soit connu de toutes les nations.

Ut cognoscamus in terra viam tuam, in omnibus gentibus salutare tuum.

Que tous les peu-

Confiteantur tibi

populi, Deus : confiteantur tibi populi omnes.	ples, ô Dieu, publient vos loüanges; que tous les peuples vous loüent & vous rendent graces.
Lætentur & exultent gentes : quoniam judicas populos in æquitate, & gentes in terra dirigis.	Que les nations se réjoüissent & soient transportées de joie, parce que vous jugez les peuples dans l'équité, & que vous conduisez dans la droiture les nations sur la terre.
Confiteantur tibi populi, Deus : confiteantur tibi populi omnes ; terra dedit fructum suum.	Que les peuples, ô Dieu, publient vos loüanges : que tous les peuples vous loüent : la terre a donné son fruit.
Gloria Patri, &c.	Gloire soit au Pere.

ANTIENNE.

Tunc ingemuit, & cœpit orare cum lachrymis, dicens : Domine, secundum voluntatem tuam fac mecum. Tob. 3. 1. 6.	Alors jettant un profond soupir, il commença à prier avec larmes, en disant : Seigneur, traitez-moi selon votre volonté.

Il en eut le cœur attendri, il en pleura; & pour les consoler, il dit ces paroles: Seigneur, si je suis encore necessaire à votre peuple, je ne refuse pas le travail; que votre volonté soit faite.

Cantique des trois jeunes hommes. Dan. 3.

57.

CReatures, qui êtes les ouvrages du Seigneur, benissez toutes celui qui vous a crées, & celebrez ses loüanges & sa gloire éternellement.

Anges du Seigneur, benissez son nom: Cieux, benissez le Seigneur.

Eaux qui êtes au-dessus des airs, benissez toutes le Seigneur: puissances & vertus du Seigneur, benissez sa majesté.

Soleil & lune, benissez le Seigneur: étoiles du Ciel, benissez le Seigneur.

Pluies & rosées, benissez toutes le Sei-

BEnedicite omnia opera Domini Domino: laudate & superexaltate eum in sæcula.

Benedicite Angeli Domini Domino: benedicite cœli Domino.

Benedicite aquæ omnes quæ super cœlos sunt Domino: benedicite omnes virtutes Domini Domino.

Benedicite sol & luna Domino: benedicite stella cœli Domino.

Benedicite omnis imber & ros Domi-

no : benedicite omnes spiritus Dei Domino.

gneur : vents impétueux, benissez tous le Seigneur.

Benedicite ignis & æstus Domino : benedicite frigus & æstus Domino.

Feux & chaleurs de l'esté, benissez le Seigneur : froidures & rigueurs de l'hyver, benissez le Seigneur.

Benedicite rores & pruina Domino : benedicite gelu & frigus Domino.

Brouillards humides & bruines, benissez le Seigneur : gelées & frimats, benissez le Seigneur.

Benedicite glacies & nives Domino : benedicite noctes & dies Domino.

Glaces & néges, benissez le Seigneur : nuits & jours, benissez le Seigneur.

Benedicite lux & tenebræ Domino : benedicite fulgura & nubes Domino.

Lumieres & tenebres, benissez le Seigneur, éclairs & nuages, benissez le Seigneur.

Benedicat terra Dominum, laudet & superexaltet eum in sæcula.

Que la terre benisse le Seigneur, qu'elle celebre ses loüanges & sa gloire éternellement.

Benedicite montes & colles Domino :

Montagnes & collines, benissez le Seigneur : herbes & plantes qui naissez de la terre, benissez le Seigneur.

Fontaines, benissez le Seigneur : mers & fleuves, benissez le Seigneur.

Grandes baleines, & tous animaux qui vivez dans l'eau, benissez le Seigneur : oiseaux de l'air, benissez tous le Seigneur.

Bêtes douces & sauvages, benissez toutes le Seigneur : enfans des hommes, benissez le Seigneur.

Qu'Israël benisse le Seigneur : qu'il celebre ses louanges & sa gloire éternellement.

Prêtres du Seigneur, chantez ses louanges : serviteurs du Seigneur, benissez son nom.

benedicite universa germinantia in terræ Domino.

Benedicite, fontes, Domino : benedicite, maria & flumina, Domino.

Benedicite ceté, & omnia quæ moventur in aquis Domino : benedicite omnes volucres cœli Domino.

Benedicite omnes bestiæ & pecora Domino : benedicite filii hominum Domino.

Benedicat Israel Dominum : laudet & superexaltet eum in sæcula.

Benedicite sacerdotes Domini Domino : benedicite servi Domini Domino.

Benedicite spiritus & anima justorum Domino: benedicite sancti & humiles corde Domino.

Benedicite Anania Azaria, & Misael Domino: laudate & superexaltate eum in sæcula.

Benedicamus Patrem & Filium cum Sancto Spiritu: laudemus & superexaltemus eum in sæcula.

Benedictus es, Domine, in firmamento cæli: laudabilis, & gloriosus, & superexaltatus in sæcula.

Esprits & ames des justes, benissez le Seigneur: saints & humbles de cœur, benissez sa majesté.

Ananie, Azarie, & Misael, benissez le Seigneur: celebrez ses loüanges & sa gloire éternellement.

Benissons le Pere, & le Fils, avec le S. Esprit: celebrons les loüanges & la gloire de Dieu éternellement.

Seigneur, vous êtes beni dans les cieux: vous êtes digne d'être loüé, d'être glorifié, & d'être honoré de toute splendeur & de toute magnificence dans l'éternité.

Antienne.

Factum est posthæc, erat languor fortissimus, & po-

Ensuite sa maladie devint tres-violente, & il arrêta ses yeux

DE SAINT MARTIN.

sur le Seigneur, pour le prier & le conjurer dans le sac & sur la cendre.	*suit faciem ad Dominum rogare & deprecari in sacco & cinere.* 3. Reg. 17. 17.

Ce Saint, nonobstant la violence de la fiévre, & la foiblesse de tout son corps, étant couché sur la cendre & le cilice, ne s'occupa plus que de la presence de Dieu, ayant sans cesse les yeux & les mains élevées vers le Ciel.

PSEAUME 148.

Loüez le Seigneur, ô vous qui êtes dans les cieux; loüez-le dans les plus hauts lieux.	*Laudate Dominum de cælis: laudate eum in excelsis.*
Loüez-le, vous tous qui êtes ses Anges: loüez-le, vous tous qui êtes ses Puissances.	*Laudate eum omnes Angeli ejus: laudate eum omnes virtutes ejus.*
Soleil, lune, loüez-le: étoiles & lumiére, loüez-le toutes ensemble.	*Laudate eum sol & luna: laudate eum omnes stella, & lumen.*
Loüez-le, cieux des cieux: & que toutes les eaux qui sont au dessus des	*Laudate eum cæli cælorum: & aquæ omnes, quæ super cælos sunt, laudent no-*

men Domini;

Quia ipse dixit, & facta sunt : ipse mandavit, & creata sunt.

Statuit ea in æternum, & in sæculum sæculi : præceptum posuit, & non præteribit.

Laudate Dominum de terra : dracones, & omnes abyssi.

Ignis grando, nix, glacies, spiritus procellarum : quæ faciunt verbum ejus.

Montes, & omnes colles : ligna fructifera, & omnes cedri,

cieux, loüent le Nom du Seigneur;

Parce qu'il a parlé, & que ces choses ont été faites ; qu'il a commandé, & qu'elles ont été créées.

Il les a établies pour subsister éternellement & dans tous les siécles. Il leur a prescrit ses ordres, qui ne manqueront point de s'accomplir.

Loüez le Seigneur, ô vous qui êtes sur la terre : vous dragons, & vous tous abysmes d'eaux :

Feu, grêle, nége, glace, vents qui excitez les tempêtes, vous tous qui executez sa parole.

Vous montagnes, avec toutes les collines : arbres qui portez du fruit, avec tous les cédres.

Vous

DE SAINT MARTIN.

Vous, bêtes sauvages, avec tous les autres animaux; vous serpens, & vous oiseaux qui avez des ailes.	Bestia & universa pecora: serpentes, & volucres pennatæ.
Que les Rois de la terre, & tous les peuples; que les Princes & tous les Juges de la terre;	Reges terræ, & omnes populi: principes, & omnes judices terræ;
Que les jeunes hommes, & les jeunes filles; les vieillards & les enfans louent le nom du Seigneur: parce qu'il n'y a que lui dont le nom est vraiment grand & élevé.	Juvenes & virgines; senes cum junioribus laudent nomen Domini: quia exaltatum est nomen ejus solius.
Le ciel & la terre publient ses louanges: & c'est lui qui a élevé la puissance de son peuple.	Confessio ejus super cœlum & terram: & exaltavit cornu populi sui.
Qu'il soit loué par tous les Saints: par les enfans d'Israël, par ce peuple qui est proche de lui.	Hymnus omnibus sanctis ejus: filiis Israel, populo appropinquanti sibi.

K

Gloria Patri, &c. Gloire soit au Pere.

À l'usage de Rome & de Paris on joint les deux Pseaumes suivans sous un seul Gloria Patri, &c.

PSEAUME 149.

Cantate Domino canticum novum : laus ejus in Ecclesia Sanctorum.

Chantez au Seigneur un nouveau cantique : que sa louange retentisse dans l'assemblée des Saints.

Lætetur Israel in eo, qui fecit eum : & filii Sion exultent in rege suo.

Qu'Israel se réjouisse en celui qui l'a créé : que les enfans de Sion tressaillent de joie en celui qui est leur Roi.

Laudent nomen ejus in choro : in tympano & psalterio psallant ei.

Qu'ils louent son nom par de saints concerts ; qu'ils celebrent ses louanges avec le tambour, & avec l'instrument à dix cordes :

Quia beneplacitum est Domino in populo suo ; & exaltabit mansuetos in salu-

Parce que le Seigneur a mis son plaisir en son peuple, & qu'il élevera ceux qui

font doux, & les sau-　tem.
vera.

Les Saints seront　*Exultabunt Sancti*
dans la joie se voyant　*in gloria : lætabun-*
comblez de gloire,　*tur in cubilibus suis.*
ils se réjoüiront dans
le repos de leurs lits.

Les loüanges de　*Exaltationes Dei*
Dieu seront *toûjours*　*in gutture eorum : &*
dans leur bouche; &　*gladii ancipites in*
ils auront dans leurs　*manibus eorum :*
mains [des épées à
deux tranchans :

Pour se venger des　*Ad faciendam vin-*
nations, & châtier　*dictam in nationi-*
les peuples :　*bus ; increpationes in*
　　　　　　　　　populis :

Pour lier leurs Rois,　*Ad alligandos re-*
en leur enchaînant　*ges eorum in compe-*
les pieds : & les　*dibus : & nobiles*
Grands d'entr'eux,　*eorum in manicis fer-*
en leur mettant les　*reis :*
fers aux mains :

Et pour exercer　*Ut faciant in eis*
ainsi contr'eux le ju-　*judicium conscrip-*
gement qui est mar-　*tum : gloria hæc est*
qué & prescrit. Telle　*omnibus Sanctis*
est la gloire qui est　*ejus.*
propre à tous ses
Saints.

K ij

PSEAUME 150.

Laudate Dominum in Sanctis ejus: laudate eum in firmamento virtutis ejus.

Laudate eum in virtutibus ejus: laudate eum secundùm multitudinem magnitudinis ejus.

Laudate eum in sono tuba: laudate eum in psalterio & cythara.

Laudate eum in tympano, & choro: laudate eum in chordis & organo.

Laudate eum in cymbalis benesonantibus, laudate eum in cymbalis jubilationis: omnis spiritus laudet Dominum.

Louez le Seigneur résidant dans son Sanctuaire: louez-le assis sur le thrône inébranlable de sa puissance.

Louez-le dans les effets de sa vertu toute divine: louez-le dans sa grandeur qui est infinie.

Louez-le au son de la trompette: louez-le avec l'instrument à dix cordes & avec la harpe.

Louez-le avec le tambour & la flûte: loüez-le avec le luth & avec l'orgue.

Louez-le avec des tymbales d'un son éclatant: louez-le avec des tymbales d'un son gai & agreable. Que tout ce qui vit & qui respire loue le Seigneur.

Gloire soit au Pére, & au Fils, &c.

Gloria Patri, & Filio, &c.

ANTIENNE.

Satan parut là pour le combattre, & il dit à Satan : Que le Seigneur te reprime, Satan; que le Seigneur te reprime.

Satan stabat, ut adversaretur ei, & dixit ad Satan: Increpet Dominus in te, Satan; increpet Dominus in te. Zach. 3. 1. 2.

Dans cet état il ne parla plus que pour chasser le demon, qui osa bien paroître devant lui ; ce fut la derniere victoire qu'il remporta sur cet esprit malin, dont il avoit triomphé en toutes rencontres.

CAPITULE. 2. Tim. 4. 18.

LE Seigneur m'a délivré de toute action mauvaise, & me sauvant, me conduira dans son Royaume céleste. A lui soit gloire dans tous les siécles.

Liberavit me Dominus ab omni opere malo, & salvum faciet in regnum suum cœleste. Ipsi gloria in sæcula.

Rendons graces à Dieu.

℞. *Deo gratias.*

HYMNE.

Quel Chef sur nos Autels dont

Thure fumantes quis hic inter

K iij

aras,	la vive lumière
Verticem cujus sacra flamma lambit?	Forme par ses rayons un cercle tout nouveau ?
Intùs ardebat meliùs sacrata	Jadis le cœur du Saint fournissant sa carrière,
Pectoris ara.	Brûloit d'un feu plus beau.
Regis accumbens epulis tuetur	A la table des Rois ce Prélat admirable
Præsulum Præsul bene par honorem,	Sçait soutenir l'honneur du Prêtre & du Prélat ;
Ipsa tunc vilem minor ante pannum	Et devant un habit qui paroît méprisable
Purpura pallet.	La pourpre est sans éclat.
O Virum qualem pietas petebat !	O Homme ! dont la Foi par les tems respectée
Quem fides nullis labefacta sactis,	Au milieu des périls a sçu plus d'une fois
Non semel sensit medios per enses	De la Religion souvent persécutée
Sacra tuentem.	Défendre les saints Droits.
Læditur probris,	De tous ses ennemis

DE SAINT MARTIN.

il suporte l'injure ;	sibi semper idem
Toujours égal à soi, ne s'offençant de rien ;	Nescit irasci ; fera corda placat,
Il remporte sur eux une victoire seure,	Et suos tantùm cumulando donis
En leur faisant du bien.	Subjicit hostes.
S'il n'a point remporté la palme du martyre	Nec truci quamvis caput immolandum
En exposant ses jours pour les droits du Seigneur,	Pro Dei causa posuit sub ense,
Il en a le mérite, & chacun doit le dire	Martyris palmam retulit, vel isto
Digne de cet honneur.	Dignus honore.
Quand le dernier soûpir va lui fermer la bouche,	Ut mori sensit moribunda membra,
Ce Saint ne cherche point à coucher molement,	Membra non molli jacuêre lecto
Le cilice est son drap, & la terre sa couche	Vile quin stramen sibi durus aufert ;
En cet heureux moment.	Terra, cubile.
Alors les bras ou-	Hic manus ten-

dens resupinus alto,	verts & rempli d'allegresse,
Figit immotos oculos Olympo	A la voûte celeste il attache ses yeux,
Ut celer notum per iter volaret Spiritus astris.	Afin que son Esprit avec plus de vitesse S'éléve dãs les Cieux.
Quando stellatos prope tangit axes	Brûlant d'un saint désir de voir Dieu face à face,
Et Deo jamjam fruiturus, ardet,	Et tout prest de joüir d'un éternel repos,
Si gregi prosit patiens iniquis	Il consent de rester dans ce lieu de disgrace,
Vivere terris.	Pour paître ses troupeaux.
Hujus ad sacros cineres superbi	On honore sa cendre, & les Rois même viennent
Sponte deponunt sua sceptra reges;	Déposer leur éclat prés de ce Monument;
Turba languentum reperit petitam	Les malades aussi par son secours obtiennent
Ægra salutem.	Un prompt soulagement.
Luminis splendor, Patris una Proles,	Fils du Pére éternel, sa splendeur,

DE SAINT MARTIN.

Christe, te pronus veneretur orbis,	son Image, Que l'Univers soumis te rende des honneurs,
Qui Sacerdotes per Amoris almi,	Jesus, qui par l'Esprit, à qui tout doit hommage,
Flamen inungis.	Oingts tes sages Pasteurs.
Amen.	Ainsi soit-il.
℣. *In justitia apparebo conspectui tuo.*	℣. Je me présenterai devant vous dans la justice que j'aurai receuë de vous.
℟. *Satiabor cum apparuerit gloria tua.* Ps. 16. 15.	℟. Je serai rassasié lorsque votre gloire paroitra.

CANTIQUE DE ZACHARIE Luc. 2.

BEnedictus Dominus Deus Israel: quia visitavit & fecit redemtionem plebis suæ.

BEni soit le Seigneur, le Dieu d'Israël, de ce qu'il est venu visiter son peuple pour le racheter.

Et erexit cornu salutis nobis: in domo David pueri sui.

Et a suscité dans la maison de David son serviteur, un puissant mediateur de notre

Sicut locutus est per os Sanctorum: qui à sæculo sunt Prophetarum ejus.

Salutem ex inimicis nostris : & de manu omnium qui oderunt nos.

Ad faciendam misericordiam cum patribus nostris : & memorari testamenti sui sancti.

Jusjurandum quod juravit ad Abraham patrem nostrum : daturum se nobis.

Ut sine timore de manu inimicorum nostrorum liberati serviamus illi.

salut.

Selon qu'il l'avoit promis par la bouche des saints Prophetes, qui ont prédit dans tous les siécles passez :

Qu'il nous délivreroit de la puissance de nos ennemis, & de la main de tous ceux qui nous haïssent.

Pour accomplir la promesse qu'il avoit faite à nos peres, & nous faire joüir des effets de son alliance sainte.

Pour executer le serment, par lequel il avoit juré à notre pere Abraham : qu'il nous donneroit sa grace.

Afin qu'étant délivrez de la puissance de nos ennemis, nous le servions sans crainte,

DE SAINT MARTIN. 119

Dans la sainteté & dans la justice, nous tenant en sa présence tous les jours de notre vie.

Quant à vous, petit enfant, vous serez appellé le Prophete du Tres-haut: car vous marcherez devant le Seigneur pour préparer son chemin;

Et pour donner connoissance à son peuple du salut qu'il lui apportera, en lui faisant recevoir la rémission de ses péchez;

Par une grande & profonde misericorde de notre Dieu, par laquelle ce Soleil levant nous est venu visiter du ciel.

Pour éclairer ceux qui étoient ensevelis dans les ténebres & dans l'ombre de la

In sanctitate & justitia coram ipso: omnibus diebus nostris.

Et tu, puer, Propheta Altissimi vocaberis: praibis enim ante faciem Domini parare vias ejus.

Ad dandam scientiam salutis plebi ejus in remissionem peccatorum eorum.

Per viscera misericordia Dei nostri; in quibus visitavit nos oriens ex alto.

Illuminare his qui in tenebris, & in umbra mortis sedent ad dirigendos pedes

mort, & conduire nos pas dans le chemin de la paix.

nostros in viam pacis.

Gloire soit au Pere.

Gloria Patri, &c.

ANTIENNE.

Factum est ut moreretur, & portaretur ab Angelis in sinum Abrahæ. Alleluia, alleluia, alleluia.
Luc 16. 22.

Il arriva qu'il mourut, & fut emporté par les Anges dans le sein d'Abraham. Loüange à Dieu, loüange à Dieu, loüange à Dieu.

Saint Martin étant mort, son Ame, au rapport de Sulpice Severe, fut transportée dans le Ciel par les Anges ; mille loüanges & mille actions de graces en soient renduës au Seigneur par tous ceux qui révérent & honorent ce grand Saint.

L'Oraison Exaudi Domine, &c. *comme ci-devant.*

AUX PETITES HEURES,

On prend les Antiennes des Laudes cy-dessus, sur les Pseaumes du Dimanche.

A PRIME.

Deus in adjutorium, &c.

Venez à mon aide, ô mon Dieu, &c.

HYMNE.

DE SAINT MARTIN.
HYMNE.

LE grand Astre se leve, ô Soleil de justice,	*Jam lucis orto sydere,*
Montre-nous tes splendeurs,	*Deum precemur supplices,*
Et pour fuir en ce jour la noire ombre du vice,	*Ut in diurnis actibus*
Leve-toi dans nos cœurs.	*Nos servet à nocentibus.*
Arrêtant de ton frein la langue audacieuse,	*Linguam refrænans temperet,*
Calme sês vains combats :	*Ne litis horror insonet :*
Rend l'œil insurprenable à la beauté trompeuse	*Visum fovendo contegat,*
Des faux biens d'icy-bas.	*Ne vanitates hauriat.*
Oste du fond du cœur ce qui peut te déplaire,	*Sint pura cordis intima,*
Echauffe ses froideurs :	*Absistat & vecordia,*
Qu'un vivre tempéré de notre chair tempere	*Carnis terat superbiam*

L

Potûs cibique parcitas.	Les rebelles ardeurs.
Ut cùm dies abscesserit,	Afin que quand la nuit couvrira la nature
Noctemque sors reduxerit,	D'un voile ténébreux,
Mundi, per abstinentiam	L'ame dans un corps chaste & plus libre & plus pure,
Ipsi canamus gloriam.	T'offre ses humbles vœux.
Deo Patri sit gloria,	Regne, ô Pere éternel, Fils, sagesse
Ejusque soli Filio,	incréée,
Cum Spiritu Paracleto,	Esprit Saint, Dieu de paix,
Et nunc & in perpetuum.	Qui fais changer des temps l'inconstante durée,
	Et ne change jamais.
Amen.	Ainsi soit-il.

Antienne, Cùm appropinquare, &c.

PSEAUME 117.

Confitemini Domino quoniam bonus : quoniam in

Loüez le Seigneur, parce qu'il est bon ; parce que sa

miséricorde s'étend dans tous les siécles. / sæculum misericordiæ ejus.

Qu'Israel dise maintenant: Qu'il est bon, & que sa miséricorde s'étend dans tous les siécles. / Dicat nunc Israel quoniam bonus: quoniam in sæculum misericordia ejus.

Que la maison d'Aaron dise maintenant: Que sa miséricorde s'étend dans tous les siécles. / Dicat nunc domus Aaron: quoniam in sæculum misericordia ejus.

Que ceux qui craignent le Seigneur disent maintenant: Que sa miséricorde s'étend dans tous les siécles. / Dicant nunc qui timent Dominum: quoniam in sæculum misericordia ejus.

J'ai invoqué le Seigneur du milieu de l'affliction, qui me tenoit comme resserré; & le Seigneur m'a exaucé & mis au large. / De tribulatione invocavi Dominum: & exaudivit me in latitudine Dominus.

Le Seigneur est mon soûtien; & je ne craindrai point ce que l'homme pourra / Dominus mihi adjutor: non timebo quid faciat mihi homo.

L ij

Dominus mihi adjutor: & ego despiciam inimicos meos.

Le Seigneur est mon soûtien; & je mépriserai mes ennemis.

Bonum est confidere in Domino, quàm confidere in homine.

Il est bon de se confier au Seigneur, plutôt que de se confier dans l'homme.

Bonum est sperare in Domino, quàm sperare in principibus.

Il est bon d'espérer au Seigneur, plutôt que d'espérer dans les Princes.

Omnes gentes circuierunt me : & in nomine Domini, quia ultus sum in eos.

Toutes les nations m'ont assiégé : mais c'est au nom du Seigneur que je m'en suis vangé.

Circumdantes circumdederunt me : & in nomine Domini, quia ultus sum in eos.

Elles m'ont assiégé & environné, & je m'en suis vengé au nom du Seigneur.

Circumdederunt me sicut apes, & exarserunt sicut ignis in spinis : & in nomine Domini, quia ultus sum in eos.

Elles m'ont tout environné comme des abeilles, & elles se sont embrasées comme un feu qui a pris à des épines; mais c'est au nom du Seigneur que je m'en suis vengé.

J'ai été poussé & renversé, & prest à tomber, & le Seigneur m'a soûtenu.

Le Seigneur est ma force & ma gloire; & il est devenu mon salut.

Les cris d'allégresse & du salut se font entendre dans les tentes des justes.

La droite du Seigneur a fait éclater sa puissance: la droite du Seigneur m'a élevé: la droite du Seigneur a fait éclater sa puissance.

Je ne mourrai point, mais je vivrai, & je raconterai les œuvres du Seigneur.

Le Seigneur m'a châtié pour me corriger; mais il ne m'a point livré à la mort.

Ouvrez-moi les portes de la justice,

Impulsus eversus sum ut caderem; & Dominus suscepit me.

Fortitudo mea, & laus mea Dominus: & factus est mihi in salutem.

Vox exultationis & salutis, in tabernaculis justorum.

Dextera Domini fecit virtutem: dextera Domini exaltavit me; dextera Domini fecit virtutem.

Non moriar, sed vivam: & narrabo opera Domini.

Castigans castigavit me Dominus: & morti non tradidit me.

Aperite mihi portas justitiæ, ingressus

in eas confitebor Domino : hæc porta Domini, justi intrabunt in eam.

Confitebor tibi, quoniam exaudisti me, & factus es mihi in salutem.

Lapidem, quem reprobaverunt ædificantes, hic factus est in caput anguli.

A Domino factum est istud ; & est mirabile in oculis nostris.

Hæc est dies, quam fecit Dominus; exultemus, & lætemur in ea.

O Domine, salvum me fac, ô Domine, benè prosperare ; benedictus qui

afin que j'y entre, & que je rende graces au Seigneur. C'est-là la porte du Seigneur, & les justes entreront par elle.

Je vous rendrai graces de ce que vous m'avez exaucé, & que vous êtes devenu mon salut.

La pierre que ceux qui bâtissoient avoient rejettée, a été placée à la tête de l'angle.

C'est le Seigneur qui a fait cela ; & c'est ce qui paroît à nos yeux digne d'admiration.

C'est icy le jour qu'a fait le Seigneur : réjouissons-nous-y donc, & soyons pleins d'allégresse.

O Seigneur, sauvez-moi : ô Seigneur, faites prosperer *le regne de votre* CHRIST :

beni soit celui qui vient au nom du Seigneur.

Nous vous benissons de la maison du Seigneur : le Seigneur est le *vrai* Dieu; & il a fait paroître sa lumiere sur nous.

Rendez ce jour solennel, en couvrant de branches tous les lieux, jusqu'à la corne de l'Autel.

Vous êtes mon Dieu, & je vous rendrai mes actions de graces : vous êtes mon Dieu, & je releverai votre gloire.

Je vous rendrai graces de ce que vous m'avez exaucé, & que vous êtes devenu mon salut.

Loüez le Seigneur, parce qu'il est bon; parce que sa misericorde s'étend dans

venit in nomine Domini.

Benediximus vobis de domo Domini; Deus Dominus, & illuxit nobis.

Constituite diem solennem in condensis, usque ad cornu altaris.

Deus meus es tu, & confitebor tibi : Deus meus es tu, & exaltabo te.

Confitebor tibi, quoniam exaudisti me; & factus es mihi in salutem.

Confitemini Domino, quoniam bonus; quoniam in saeculum misericordia ejus.

Gloria Patri, &c.

tous les siécles.

Gloire soit au Pére.

Du Pseaume 118.

Beati immaculati in via : qui ambulant in lege Domini.

Heureux ceux qui se conservent sans tache dans la voie; qui marchent dans la loi de Dieu.

Beati qui scrutantur testimonia ejus : in toto corde exquirunt eum.

Heureux ceux qui s'efforcent de connoître les témoignages de sa loi, & qui le cherchent de tout leur cœur.

Non enim qui operantur iniquitatem, in viis ejus ambulaverunt.

Car ceux qui commettent l'iniquité, ne marchent point dans ses voies.

Tu mandasti, mandata tua custodiri nimis.

Vous avez ordonné que vos commandemens soient gardez tres-exactement.

Utinam dirigantur meæ viæ, ad custodiendas justificationes tuas.

Daignez, Seigneur, regler mes voies de telle sorte, que je garde la justice de vos ordonnances.

Tunc non confundar, cùm perspexe-

Je ne serai point confondu, lorsque

j'aurai toûjours devant les yeux tous vos préceptes.

Je vous loüerai dans la droiture & dans la sincerité de mon cœur, à cause de la connoissance que j'ai euë de vos jugemens pleins de justice.

Je garderai vos ordonnances, ne m'abandonnez pas entierement.

Comment celui qui est jeune corrigera-t-il sa voie ? Ce sera en accomplissant vos paroles.

Je vous ai cherché dans toute l'étenduë de mon cœur ; ne me rejettez pas de *la voie de* vos préceptes.

J'ai caché vos paroles au fond de mon cœur, afin que je ne péche point devant vous.

ro in omnibus mandatis tuis.

Confitebor tibi in directione cordis, in eo quòd didici judicia justitiæ tuæ.

Justificationes tuas custodiam : non me derelinquas usquequaque.

In quo corrigit adolescentior viam suam : in custodiendo sermones tuos.

In toto corde meo exquisivi te : ne repellas me à mandatis tuis.

In corde meo abscondi eloquia tua : ut non peccem tibi.

Benedictus es, Domine : doce me justificationes tuas.

Vous êtes digne, Seigneur, de toutes sortes de benedictions : instruisez-moi de la justice de vos ordonnances.

In labiis meis, pronuntiavi omnia judicia oris tui.

J'ai prononcé de mes lévres tous les jugemens de votre bouche.

In via testimoniorum tuorum delectatus sum, sicut in omnibus divitiis.

Je me suis autant plû dans la voie de vos préceptes, que dans toutes les richesses.

In mandatis tuis exercebor : & considerabo vias tuas.

Je m'exercerai dans la méditation de vos commandemens, & je considererai vos voies.

In justificationibus tuis meditabor ; non obliviscar sermones tuos.

Je méditerai sur vos ordonnances pleines de justice ; je n'oublierai point vos paroles.

Gloria Patri, & Filio, &c.

Gloire soit au Pére, au Fils, &c.

Retribue servo tuo, vivifica me:

Accordez à votre serviteur

cette grace de me faire vivre; & je garderai vos paroles.

& custodiam sermones tuos.

Otez le voile qui est sur mes yeux; & je considérerai les merveilles qui sont enfermées dans votre loi.

Revela oculos meos: & considerabo mirabilia de lege tua.

Je suis étranger sur la terre: ne me cachez pas vos Commandemens.

Incola ego sum in terra: non abscondas à me mandata tua.

Mon ame a désiré en tout temps avec une grande ardeur vos ordonnances qui sont pleines de justice.

Concupivit anima mea desiderare justificationes tuas, in omni tempore.

Vous avez fait éclater votre fureur contre les superbes. Ceux-là sont maudits qui se détournent de vos préceptes.

Increpasti superbos: maledicti qui declinant à mandatis tuis.

Délivrez-moi de l'opprobre & du mépris, de ces superbes, à cause que j'ai re-

Aufer à me opprobrium, & contemtum: quia testimonia tua exqui-

sivi.

cherché avec soin les témoignages de votre loi.

Etenim sederunt principes, & adversum me loquebantur: servus autem tuus exercebatur in justificationibus tuis.

Car les Princes se sont assis, & ont parlé contre moi : mais cependant votre serviteur s'exerçoit à pratiquer vos ordonnances pleines de justice.

Nam & testimonia tua meditatio mea est : & consilium meum justificationes tua.

Car vos préceptes étoient le sujet de ma méditation ; & la justice de vos ordonnances me tenoit lieu de conseil.

Adhæsit pavimento anima mea : vivifica me secundum verbum tuum.

Mon ame a été comme attachée à la terre ; rendez-moi la vie selon votre parole.

Vias meas enuntiavi, & exaudisti me : doce me justificationes tuas.

Je vous ay exposé mes voyes : & vous m'avez exaucé. Enseignez-moi vos ordonnances pleines de justice.

Viam justificationum tuarum in-

Instruisez-moi de la voye de ces ordonnances

DE SAINT MARTIN.

nances si justes ; & je m'exercerai dans vos merveilles.

strue me : & exercebor in mirabilibus tuis.

Mon ame s'est assoupie d'ennui : fortifiez-moi par vos paroles.

Dormitavit anima mea præ tædio : confirma me in verbis tuis.

Eloignez de moi la voye de l'iniquité ; & faites-moi misericorde selon votre loi.

Viam iniquitatis amove à me : & de lege tua miserere mei.

J'ai choisi la voye de la verité ; & je n'ai point oublié vos jugemens.

Viam veritatis elegi : judicia tua non sum oblitus.

Je me suis attaché, Seigneur, aux témoignages de votre loi : ne permettez pas que je sois confondu.

Adhæsi testimoniis tuis, Domine, noli me confundere.

J'ai couru dans la voye de vos Commandemens, lorsque vous avez élargi mon cœur.

Viam mandatorum tuorum cucurri, cùm dilatasti cor meum.

Gloire soit au Pére, &c.

Gloria Patri, & Filio, &c.

M

OFFICE
ANTIENNE.

Cùm appropinquare cerneret diem mortis suæ, vocavit filios suos, & dixit ad eos: Ego senui & progressioris ætatis sum; en ingredior viam universa terra. Gen. 47. 29. Jos. 23. 3. 14.

Comme il vit que le jour de sa mort approchoit, il appella ses enfans, & leur dit: Vous voyez que je suis vieil, & dans un âge fort avancé; je sens bien que je m'en vais mourir incessamment.

CAPITULE. 1. Tim. 1. 17.

Regi sæculorum immortali, invisibili, soli Deo honor & gloria, in secula seculorum.
Amen.
℞. *Deo gratias.*

AU Roi des siécles, immortel, invisible, à Dieu seul honneur & gloire dans tous les siécles.
Ainsi soit-il.
℞. Rendons graces à Dieu.

℣. *Christe Jesu, Fili Dei vivi,* * *Miserere nobis.*
On répete: *Christe Jesu, &c.*
℣. *Qui sedes ad dexteram Patris,*
℞. *Miserere nobis.*

℣. JESUS-CHRIST, Fils du Dieu vivant,* Ayez pitié de nous.
On répete: JESUS-CHRIST, &c.
℣. Qui êtes assis à la droite du Pere,
℞. Ayez pitié de

nous.

Gloire au Pere, au Fils, & au Saint Esprit.

On répete : Jesus-Christ, &c.

℣. Levez-vous, Seigneur, secourez-nous.

℟. Et rachetez-nous pour la gloire de votre nom.

Prions.

EXaucez, s'il vous plaist, Seigneur, les vœux de votre peuple, prosterné en toute humilité devant vous, & le préservez de tous maux par l'intercession du bienheureux Pontife Saint Martin, afin que soûtenu de votre grace toute puissante dans ses besoins spirituels & corporels, il ne cesse de desirer

Gloria Patri & Filio, & Spiritui Sancto.

On répete : *Christe Jesu, &c.* Matth. 16. 16. Tob. 8. 10. Hebr. 1. 3.

℣. *Exurge, Domine, adjuva nos.*

℟. *Et redime nos, propter nomen tuum.* Ps. 43. 27.

Oremus.

EXaudi, Domine, populum tuum, totâ tibi mente subditum, & beati Martini Pontificis supplicatione custodi, ut corpore & corde protectus, quod piè credidit appetat, & quod justè sperat, obtineat.

M ij

l'objet de sa pieté & de sa foi, & obtienne enfin de votre bonté l'effet de ses justes demandes.

Domine Deus omnipotens, qui ad principium hujus diei nos pervenire fecisti, tuâ nos hodie salva virtute, ut ad nullum declinemus peccatum, sed semper ad tuam justitiam faciendam nostra procedant eloquia, dirigantur cogitationes & opera; Per Dominum nostrum Jesum Christum Filium tuum, &c.

Seigneur Dieu tout-puissant, qui nous avez fait arriver au commencement de cette journée, sauvez-nous aujourd'huy par la force de votre grace, afin que nous ne tombions dans aucun péché, mais que nos pensées, nos paroles & nos actions soient toûjours réglées selon votre justice, & rapportées à l'observation de votre sainte Loi. Nous vous en prions par notre Seigneur JESUS-CHRIST.

Amen.

℣. Dominus vobiscum.

℟. Et cum spiritu

Ainsi soit-il.

℣. Que le Seigneur soit avec vous.

℟. Et avec votre

DE SAINT MARTIN. 137

Esprit.
℣. Bénissons le Seigneur.
℟. Rendons-lui graces.
℣. C'est une chose précieuse aux yeux du Seigneur.
℟. Que la mort de ses Saints.
　　Prions.
QUe sainte Marie, & tous les Saints intercédent pour nous auprés du Seigneur, afin que nous méritions d'être aidez & sauvez par celui qui vit & regne dans les siécles des siécles.
℟. Ainsi soit-il.
℣. O Dieu, venez à mon aide.

℟. Seigneur, hâtez-vous de me secourir.

℣. O Dieu, &c.

tuo.
℣. *Benedicamus Domino.*
℟. *Deo gratias.*
℣. *Pretiosa in conspectu Domini.*
℟. *Mors Sanctorum ejus.* Pf. 115. 5.
　　Oremus.
SAncta Maria, & omnes Sancti intercedant pro nobis ad Dominum, ut nos mereamur ab eo adjuvari & salvari, qui vivit & regnat in secula seculorum.
℟. *Amen.*
℣. *Deus in adjutorium meum intende.*
℟. *Domine, ad adjuvandum me festina.* Pf. 69. 1.
℣. *Deus in adju-*

M iij

etorium, &c. comme dessus.

℣. Deus pius, fortis & clemens in adjutorium, &c.

Gloria Patri. Sicut erat, &c. Alleluia.

℣. Respice in servos tuos, Domine, & in opera tua.

℞. Et dirige filios eorum. Pf. 89. 18.

℣. Et sit splendor Domini Dei nostri super nos ;

℞. Et opera manuum nostrarum dirige super nos, & opus manuum nostrarum dirige. Ibid.

Oremus.

Actiones nostras, quæsumus Domine, aspirando præveni, & adjuvando prosequere; ut cuncta nostra

℣. O Dieu de bonté, puissant & clément, venez à mon aide, &c.

Gloire au Pere, &c. Loüez-Dieu.

℣. Jettez vos regards sur vos serviteurs & sur vos ouvrages ;

℞. Et conduisez leurs enfans.

℣. Que la lumiére du Seigneur notre Dieu se répande sur nous :

℞. Conduisez les ouvrages de nos mains ; & que l'œuvre de nos mains soit conduite par vous-même.

Prions.

Seigneur, prévenez nos actions, en nous les inspirant, & poursuivez-les en nous aidant, afin que toutes nos prieres &

DE SAINT MARTIN.

nos actions commencent toûjours par vous, & finissent toûjours par vous. Nous vous en prions par notre Seigneur JESUS-CHRIST votre Fils, &c.

℞. Ainsi soit-il.

℣. Notre secours est dans le nom du Seigneur,

℞. Qui a fait le ciel & la terre.

℣. Bénissez Dieu.

℞. Que Dieu nous bénisse.

℣. Que le Roi de la gloire éternelle nous comble de sa joie & de sa paix.

℞. Ainsi soit-il.

℣. Que les ames des Fideles reposent en paix par la misericorde de Dieu.

℞. Ainsi soit-il.

oratio & operatio à te semper incipiat, & per te cœpta finiatur; Per Dominum nostrum Jesum Christum Filium tuum, qui tecum, &c.

℞. Amen.

℣. Adjutorium nostrum in nomine Domini,

℞. Qui fecit cœlum & terram. Ps. 123. 8.

℣. Benedicite.

℞. Dominus.

℣. Gaudium cum pace tribuat nobis Rex æternæ gloriæ.

℞. Amen.

Secreto: Fidelium animæ per misericordiam Dei requiescant in pace.

℞. Amen.

A TIERCE.

Deus in adjutorium meum intende, &c.

Venez à mon aide, ô mon Dieu, &c.

HYMNE.

Nunc sancte nobis Spiritus,
Unum Patri cum Filio,
Dignare promptus ingeri
Nostro refusus pectori.
Os, lingua, mens, sensus, vigor,
Confessionem personent,
Flammescat igne charitas,

Accendat ardor pro-

Du Pére & de son Verbe Esprit indivisible,
Vien du ciel, entre en nous,
Posséde notre cœur par la force invincible
De tes charmes si doux.
Que nos langues, nos voix, nos esprits & notre ame
Bénissent ta grandeur :
Que ton amour nous brûle, & qu'aux plus froids sa flâme
Donne une sainte ar-

deur.

Accomplis nos dé-
sirs, Pére saint,
Fils du Pére,
Esprit, amour des
deux,
Dont l'homme adore
en terre, & l'Ange
au ciel révére
L'empire bien-heu-
reux.
Ainsi soit-il.

ximos.

Præsta Pater piis-
sime,
Patrique compar u-
nice,
Cum Spiritu Para-
cleto,

Regnans per omne
seculum.

Amen.

Antienne, Elevatâ voce.

Du Pseaume 118.

Imposez-moi pour
loi, Seigneur, la
voye de vos ordon-
nances pleines de ju-
stice; & je ne cesse-
rai point de la recher-
cher.

Donnez-moi l'in-
telligence, & je m'a-
pliquerai à connoî-
tre votre loi, & la
garderai de tout mon
cœur.

Conduisez - moy

Legem pone mi-
hi, Domine,
viam justificatio-
num tuarum: & ex-
quiram eam semper.

Da mihi intelle-
ctum, & scrutabor
legem tuam: & cu-
stodiam illam in toto
corde meo.

Deduc me in se-

mitam mandatorum tuorum: quia ipsam volui.

dans le sentier de vos commandemens; parce que je le desire ardemment.

Inclina cor meum in testimonia tua, & non in avaritiam.

Faites pencher mon cœur vers les témoignages de votre loi, & non pas vers l'avarice.

Averte oculos meos ne videant vanitatem : in via tua vivifica me.

Détournez mes yeux, afin qu'ils ne regardent pas la vanité: faites-moi vivre dans votre voie.

Statue servo tuo eloquium tuum, in timore tuo.

Etablissez fortement votre parole dans votre serviteur, par votre crainte.

Amputa opprobrium meum, quod suspicatus sum: quia judicia tua jucunda.

Eloignez de moi l'opprobre que j'ai toûjours tant appréhendé; parce que vos jugemens sont pleins de douceur.

Ecce concupivi mandata tua : in æquitate tua vivifica me.

Vous sçavez que j'ai beaucoup desiré vos commandemens: faites-moi vivre dans la justice de votre loi.

Et veniat super

Que votre miséricorde, Seigneur, descende sur moi, & votre assistance salutaire selon votre parole.

Et j'aurai une parole à répondre à ceux qui m'insultent; qui est que j'ai mis mon espérance en vos promesses.

Et n'ôtez pas de ma bouche pour toûjours la parole de la vérité; parce que j'ai beaucoup espéré dans vos jugemens.

Et je garderai toûjours votre loi : *je la garderai dans les siécles, & dans les siécles des siécles.*

Je marchois au large; parce que j'ai recherché vos commandemens.

Je parlois des témoignages de votre loi devant les Rois; & je n'en avois point

me misericordia tua, Domine : salutare tuum secundum eloquium tuum.

Et respondebo exprobrantibus mihi verbum : quia speravi in sermonibus tuis.

Et ne auferas de ore meo verbum veritatis usquequaque: quia in judiciis tuis supersperavi :

Et custodiam legem tuam semper, in seculum, & in seculum seculi.

Et ambulabam in latitudine : quia mandata tua exquisivi.

Et loquebar de testimoniis tuis in conspectu regum : & non confundebar.

Et meditabar in mandatis tuis, quæ dilexi.

Et levavi manus meas ad mandata tua, quæ dilexi: & exercebar in justificationibus tuis.

Gloria Patri, & Filio, &c.

Memor esto verbi tui servo tuo, in quo mihi spem dedisti.

Hæc me consolata est in humilitate mea: quia eloquium tuum vivificavit me.

Superbi iniquè agebant usquequa-

de confusion.

Et je méditois sans cesse sur vos commandemens, que j'aime beaucoup.

Je levois mes mains pour pratiquer ces mêmes commandemens qui me sont si chers; & je m'éxerçois dans vos ordonnances pleines de justice.

Gloire soit au Pére, & au Fils, &c.

SOuvenez-vous de la parole que vous avez dite à votre serviteur, & qui est le fondement de l'espérance que vous m'avez donnée.

C'est ce qui m'a consolé dans mon humiliation; parce que votre parole m'a donné la vie.

Les superbes agissoient avec beaucoup d'injustice

DE SAINT MARTIN.

d'injustice à mon égard: mais je ne me suis point détourné de votre loi.

Je me suis souvenu, Seigneur, des jugemens que vous avez exercez dans tous les siécles, & j'ai été consolé.

Je suis tombé en défaillance, à cause des pécheurs qui abandonnoient votre loi.

Vos ordonnances pleines de justice me tenoient lieu de cantiques dans le lieu de mon exil.

Je me suis souvenu, Seigneur, de votre nom durant la nuit; & j'ai gardé votre loi.

C'est ce qui m'est arrivé; parce que j'ai recherché avec soin vos ordonnances pleines de justice.

que: à lege autem tua non declinavi.

Memor fui judiciorum tuorum à seculo, Domine: & consolatus sum.

Defectio tenuit me, pro peccatoribus derelinquentibus legem tuam.

Cantabiles mihi erant justificationes tuæ, in loco peregrinationis meæ.

Memor fui nocte nominis tui, Domine: & custodivi legem tuam.

Hæc facta est mihi: quia justificationes tuas exquisivi.

N

Portio mea, Domine, dixi, custodire legem tuam.

Vous êtes, Seigneur, mon partage; j'ai résolu de garder votre loi.

Deprecatus sum faciem tuam in toto corde meo: miserere mei secundum eloquium tuum.

Je me suis présenté devant votre face, & vous ai prié de tout mon cœur : ayez pitié de moi selon votre parole.

Cogitavi vias meas : & converti pedes meos in testimonia tua.

J'ai examiné mes voies, & j'ai dressé mes pieds pour marcher dans les témoignages de votre loi.

Paratus sum, & non sum turbatus: ut custodiam mandata tua.

Je suis tout prêt, & je ne suis point troublé, *je suis tout prêt* à garder vos commandemens.

Funes peccatorum circumplexi sunt me: & legem tuam non sum oblitus.

Je me suis trouvé tout enveloppé par les liens des pécheurs ; mais je n'ai point oublié votre loi.

Mediâ nocte surgebam ad confitendum tibi, super judicia justificationis

Je me levois au milieu de la nuit, pour vous loüer sur les jugemens de votre loi pleine de justice.

Je suis uni avec tous ceux qui vous craignent, & qui gardent vos commandemens.

La terre, Seigneur, est remplie de votre miséricorde : faites-moi connoître vos ordonnances pleines de justice.

Gloire soit au Pere & au Fils, &c.

Vous avez, Seigneur, usé de bonté envers votre serviteur, selon *la verité de* votre parole.

Enseignez-moi la bonté, la discipline, & la science ; parce que j'ai cru à vos commandemens.

Avant que j'eusse été humilié, j'ai péché : & c'est pour cela que j'ai gardé votre parole.

tua.

Particeps ego sum omnium timentium te, & custodientium mandata tua.

Misericordiâ tuâ, Domine, plena est terra : justificationes tuas doce me.

Gloria Patri & Filio, &c.

Bonitatem fecisti cum servo tuo, Domine, secundum verbum tuum.

Bonitatem & disciplinam, & scientiam doce me : quia mandatis tuis credidi.

Priùsquàm humiliarer ego deliqui : proptereà eloquium tuum custodivi.

N ij

Bonus es tu : & in bonitate tua doce me justificationes tuas.

Vous êtes bon : enseignez-moi, selon votre bonté, vos ordonnances pleines de justice.

Multiplicata est super me iniquitas superborum : ego autem in toto corde meo scrutabor mandata tua.

L'iniquité des superbes s'est multipliée envers moi : mais pour moi, je chercherai de tout mon cœur vos commandemens.

Coagulatum est sicut lac cor eorum : ego verò legem tuam meditatus sum.

Leur cœur s'est épaissi comme le lait : mais pour moi, je me suis appliqué à la méditation de votre loi.

Bonum mihi quia humiliasti me ; ut discam justificationes tuas.

Il m'est bon que vous m'ayez humilié, afin que j'apprenne vos ordonnances pleines de justice.

Bonum mihi lex oris tui, super millia auri & argenti.

La loi qui est sortie de votre bouche, me paroît bonne, & préférable à des millions d'or & d'argent.

Manus tuæ fecerunt me, & plasma-

Vos mains m'ont fait & m'ont formé :

donnez-moi l'intelligence, afin que j'apprenne vos commandemens.

Ceux qui vous craignent me verront, & se réjoüiront; parce que j'ai mis toute mon esperance dans vos paroles.

J'ai reconnu, Seigneur, que l'équité est la regle de vos jugemens; & que vous m'avez humilié selon votre justice.

Répandez sur moi votre misericorde, afin qu'elle soit ma consolation, selon la parole que vous avez donnée à votre serviteur.

Faites-moi sentir les effets de votre bonté, afin que je vive; parce que votre loi est le sujet de toute ma méditation.

Que les superbes

verunt me ; da mihi intellectum, & discam mandata tua.

Qui timent te, videbunt me, & latabuntur ; quia in verba tua supersperavi.

Cognovi, Domine, quia aquitas judicia tua : & in veritate tua humiliasti me.

Fiat misericordia tua ut consoletur me, secundum eloquium tuum servo tuo.

Veniant mihi miserationes tua, & vivam ; quia lex tua meditatio mea est.

Confundantur su-

perbi, quia injuſtè iniquitatem fecerunt in me: ego autem exercebor in mandatis tuis.

ſoient confondus ; parce qu'ils m'ont injuſtement maltraité : mais pour moi, je m'exercerai toûjours dans vos commandemens.

Convertantur mihi timentes te, & qui noverunt teſtimonia tua.

Que ceux qui vous craignent ſe tournent vers moi ; & ceux qui connoiſſent les témoignages de votre loi.

Fiat cor meum immaculatum in juſtificationibus tuis, ut non confundar.

Faites que mon cœur ſe conſerve pur dans la pratique de vos ordonnances pleines de juſtice ; afin que je ne ſois point confondu.

Gloria Patri, &c. Gloire ſoit au Pere.

Antienne.

Elevatâ voce, flere cœperunt, quibus reſpondit: Nolite, quæſo, nolite, quia veſtra anguſtia magis me premit. Et rursùm elevatâ vo-

Auſſi-toſt élevant leurs voix, ils ſe mirent à pleurer ; & il leur dit : Non, mes enfans, je vous prie, car votre affliction ne fait qu'accroître

DE SAINT MARTIN.

la mienne; & élevant derechef leurs voix, ils recommencerent à pleurer. *ce, flere cœperunt.* Ruth. 1. 9. 11. 13.

CAPITULE. Philipp. 2. 24.

JE me touve pressé des deux côtez; car d'une part j'ai un grand desir d'être dégagé des liens du corps, & d'être avec JESUS-CHRIST, ce qui seroit sans doute beaucoup meilleur pour moi; & de l'autre, il seroit necessaire pour vous, que je restasse encore en cette vie.

Coarctor è duobus, desiderium habens dissolvi, & esse cum Christo; multò magis meliùs; permanere autem in carne necessarium propter vos.

℞. Rendons graces à Dieu.

℞. *Deo gratias.*

℞. Br. Que si je demeure plus long-temps dans ce corps mortel, je tirerai du fruit de mon travail :

℞. Br. *Si vivere in carne hic fructus mihi operis est.* * *Alleluia, alleluia.*

℣. Et ainsi je ne sçai que choisir.

℣. *Et quid eligam ignoro.* * *Alleluia, alleluia.*

Gloire soit au Pere, & au Fils, &c.

Gloria Patri, & Filio, &c.

N iiij

152   OFFICE

On répete : *Si vivere*, &c.

On répete : Que si, &c.

℣. *Conturbata sunt viscera mea*,

℣. Le trouble a saisi mes entrailles,

℟. *Super contritione populi mei.* Thren. 2. 11.

℟. Voyant l'affliction de mon peuple.

On a vû de grands hommes porter la magnanimité jusqu'à ne point apprehender de mourir; mais nous n'en voyons guéres qui eussent eu la force de ne pas refuser de vivre, pour retourner à de nouveaux combats aprés la victoire, & s'exposer au danger de rendre encore douteuse une Couronne toute acquise. C'est l'état où se trouve S. Martin, également disposé à joüir de Dieu dans le Ciel, ou à le servir sur la terre ; ou à recevoir la récompense de ses travaux, ou à rester parmy ses freres, pour leur continuer ses soins.

L'Oraison, Exaudi, &c.

DE SAINT MARTIN. 153

A LA PROCESSION.

℣. In omni fiducia, &c. ci-après à Vêpres.

À LA STATION DANS LA NEF.

IL arriva que Saint Martin mourut, & fut emporté par les Anges dans le sein d'Abraham. Loüez Dieu, joüez Dieu, loüez Dieu.

℣. Et vous maintenant, Seigneur, soyez attentif aux prieres de ce Saint, par lesquelles il vous demande pour nous, qui sommes vos serviteurs, le pardon de nos fautes; & que vous nous montriez le bon chemin par lequel nous puissions arriver.

* Dans le sein d'Abraham.

Factum est ut Martinus moreretur, & portaretur ab Angelis * In sinum Abrahæ. Alleluia, alleluia, alleluia.

℣. Et nunc Domine, respice ad preces ejus, ut dimittas peccata servorum tuorum, & ostendas eis viam bonam per quam ambulent.

* In sinum Abrahæ. Gloria Patri. Alleluia.

℣. Le Seigneur l'a conduit par le droit chemin.

℟. Pour le faire arriver à la Ville où il devoit arriver.

℣. Deduxit eum Dominus in viam rectam.

℟. Ut iret in civitatem habitationis.

L'Oraison Exaudi Domine, &c. comme ci-devant.

EN RENTRANT AU CHOEUR.

O Bien-heureux Saint Martin! priez pour nous le Seigneur notre Dieu, qu'il nous fortifie contre nos ennemis, & qu'il nous éclaire de telle sorte, que nos jours sur la terre soient comme les jours du Ciel.

O Ra pro nobis Beate Martine ad Dominum Deum nostrum, ut det virtutem nobis, & illuminet oculos nostros, & sint dies nostri sicut dies cœli super terram.

DE SAINT MARTIN. 155

A LA MESSE,
INTROÏTE.

J'Ai élevé d'entre mon peuple celui que j'ai choisi, je l'ai oint de mon huile sainte ; l'ennemi n'aura aucun avantage sur lui, ma main s'étendra pour le secourir.

Exaltavi electum de plebe mea, oleo sancto meo unxi eum ; nihil proficiet inimicus in eo, manus enim mea auxiliabitur ei. Pf. 88.

Je chanterai éternellement les misericordes du Seigneur.

Misericordias Domini * in æternum cantabo.

Gloire soit au Pére, &c.

Gloria Patri, &c.
Exaltavi, &c.
Kyrie eleison.

Gloria in excelsis Deo.

EPITRE.

De la Lettre de Saint Paul aux Philippiens.

Lectio Epistolæ B. Pauli Apostoli ad Philippenses. 1. 20. & s.

JEsus-Christ, mes freres, sera en-

Fratres, in omni fiducia sicut sem-

per, & nunc magnificabitur Christus in corpore meo, sive per vitam, sive per mortem. Mihi enim vivere Christus est, & mori lucrum. Quòd si vivere in carne hîc fructus mihi operis est; & quid eligam, ignoro. Coarctor autem è duobus, desiderium habens dissolvi, & esse cum Christo: multò magis melius; permanere autem in carne, necessarium propter vos.

core maintenant glorifié dans mon corps avec toute liberté, comme il l'a toûjours été, soit par ma vie, soit par ma mort. Car Jesus-Christ est ma vie, & la mort m'est un gain. Que si je demeure plus long-temps dans ce corps mortel, je tirerai du fruit de mon travail; & ainsi je ne sçai que choisir. Je suis pressé des deux côtez, desirant de mourir, & d'être avec Jesus-Christ, ce qui est sans comparaison le meilleur; mais d'ailleurs il est plus necessaire que je vive, à cause de vous.

GRADUEL.

Nudus eram, & cooperuisti me; posside paratum regnum à constitutione mundi.

J'Estois nud, & vous m'avez revêtu; possedez le Roïaume qui vous a été préparé dés le commencement du monde. ℣.

DE SAINT MARTIN.

℣. Ce que vous avez fait à un des moindres de mes freres, c'est à moi-même que vous l'avez fait.

℣. Quod fecisti uni ex minimis fratribus meis, mihi fecisti. Nudus. Matth. 25. 36. 34. 40.

Loüez Dieu, loüez Dieu.

Alleluia, alleluia.

Heureux celui qui fait attention aux besoins du pauvre & de l'indigent, le Seigneur le délivrera dans le mauvais jour. Loüez Dieu.

Beatus qui intelligit super egenum & pauperem; in die mala liberabit eum Dominus. Alleluia.

PROSE, par M. Gourdan de S. Victor.

Quel triomphe pour vous, ô céleste Sion!
Dans ce jour où Martin, quittant sa chair mortelle,
Pour prix de ses travaux, de la gloire immortelle
Entre en possession.
Il fut soldat Romain, & fut tout-à-

Quales, Sion, triumphos celebras!
En Martinus æternâ tenebras
Luce mutans, carnis exuvias
Nunc deponit.

Annis miles dum juvenilibus

Sub terrenis pugnat
  principibus,
Christe, tuis mores
  pro legibus
Jam componit.

la fois.
Votre soldat, Sei-
  gneur, dans sa ten-
  dre jeunesse ;
Dés-lors assaisonné
  du sel de la sa-
  gesse,
  Il prévenoit vos
    loix.

Belli furor pectus
  non fregerat,
Inter arma fidem
  servaverat,
Suâ nudum veste
  contexerat,
  Partiendo.

La guerre impitoïa-
  ble, ô prodige
  nouveau !
Ne changea point
  son cœur encor
  catechuméne,
Il vit un pauvre nud,
  il prit part à sa
  peine,
  Partageant son
    manteau.

Hac me veste Mar-
  tinus induit,
Christe, clamas; ve-
  stis resplenduit ;
Mox Tonanti lori-
  cam exuit,
  Se tradendo.

Seigneur, de cet
  habit Martin vous
  vit paré,
Martin me l'a donné,
  déclariez-vous
  vous-même ;
Aussi-tôt, armes bas,
  Martin court au
  baptême,
  Comme au port

DE SAINT MARTIN.

assuré.

Ah! que du feu divin son cœur est enflamé!
Ses miracles sans nombre en tous lieux on publie;
Combien de fois aux morts a-t-il rendu la vie,
De la foi seule armé!

Quantis cœli flagrat ardoribus!
Signis fulget quàm coruscantibus!
Quàm extinctos terræ visceribus
Fidens vocat!

Les feux lui sont soumis, & tout autre élément;
En colomne un rocher sort du sein de la nuë,
Brise une autre colomne, & met une statuë
En poussiere à l'instant.

Elementa parent hoc supplice
Sistit flammas corporis obice
Detestandam columnâ vindice
Molem calcat.

Il renverse d'un mot les temples des faux dieux;
Les bords de son habit à tous maux sont remede,
Dés qu'il parle, Sa-

Per hunc ædes corruunt impiæ,
Surgunt agri contactu fimbriæ,
Procul migrant monstrorum copia
Infernorum.

O ij

	tan quitte ce qu'il possede,
	Et d'hommes, & de lieux.
Solùm Christus ab ore profluit,	L'honneur qu'on doit à Dieu, fait son seul entretien ;
Corde puro pietas affluit,	D'un cœur sincere & pur ses vertus sont l'image ;
Et in vultum serenus refluit	Humble, prudent, tranquille, il a l'air, le visage
Candor morum.	D'un grand homme de bien.
Nunquam mœret, vel risu solvitur,	La joye & le chagrin chez lui n'ont point leur tour ;
Fatiscentes artus persequitur,	Il traite en ennemi son corps qu'il mortifie ;
Nec jejunus vel orans vincitur,	Sans prendre aucun relâche, il jeûne, il veille, il prie,
Aut pernoctans.	Et la nuit, & le jour.
In acerba pulsus exilia,	Qu'on le chasse en exil, à tout il est soumis ;
Cæsus virgis, passus conviciis,	D'injures & de coups

DE SAINT MARTIN. 161

il souffre qu'on l'outrage;
Sa patiente humeur & son tendre langage
   Gagne ses ennemis.
Un jour qu'il célebroit, un globe ardent parut,
Comme en le caressant, environner sa teste;
Un jour qu'à le fraper une épée étoit prête,
   L'assassin ne le put.
Ce Saint n'a pour objet que le suprême Roi,
Ni fraïeurs de la mort, ni peines de la vie,
Rien ne trouble son ame en Dieu toute ravie;
   O surprenante foi!
Prêt à quitter ce

Hostes amat, mulset clementia
Sibi constans.

Dum incumbit sacra peragere,
Visa flamma verticem lambere,
Visus ensis de manu cadere,
   Dum libratur.

O stupenda Pontifex fidei!
Quam nec vitæ nex mortis laquei,
Vultu regis tardant æthereï,
   Quem intendit.

Propè fruens opta-

O iij

to Numine,	monde, & pré-
Languet vili nec ful-	voyant sa mort,
tus stramine,	Il condamne son
Trucem feram tum	corps à languir sur
pellens limine,	la cendre;
Non turbatur.	Il voit Satan, & dit :
	Viens-tu pour me
	surprendre ?
	Tu fais un vain
	effort.
Quid in latus me,	Pourquoi, mes
nati, vertitis ?	chers enfans, me
Quid tendentem cœlo	tourner de côté ?
suspenditis ?	Par mes yeux élevez
Date sursùm votis	vers la céleste vou-
sollicitis	te,
Mens feratur.	Mon ame prend plai-
	sir à contempler
	la route
	De la félicité.
Deus, tamen si pro-	Mais si je suis en-
sim filiis,	core utile à mon
Adhuc vivens ce-	Troupeau,
dam imperiis,	Differez, ô mon
Et me rursùm sub-	Dieu, ma plus
dam obsequiis	chere esperance.
Quæ jussisti.	Voulez-vous que je
	vive, allons, sans
	répugnance,
	J'y consens de

nouveau.

Pour votre amour, Seigneur, & pour mes chers Agneaux,
Mon esprit & mon corps seront infatigables,
Je ne crains point les croix les plus insupportables,
Ni les plus durs travaux.

Nullis frangar pro te laboribus,
Non si mille configar crucibus,
Recusabo servire gregibus
Quos dedisti.

Modele des Pasteurs, Prélat si saint, si doux,
Qui goûtez le bonheur dans sa source éternelle;
Préservez vos brébis de la gueule cruelle
Des invisibles loups.

O Martine Pastor eximie,
Nunc cœlestis consors militiæ,
Nos à lupi defendas rabie
Sævientis.

Grand Saint, qui triomphez, mille palmes en main,
Nous sommes vos enfans, veillez sur nous en pere;

O qui palmas res fors innumeras,
Deo preces pro nobis offeras,
Esto memor quam nunquam deseras

Tuæ gentis.
Amen.

Offrez à Dieu nos vœux, & calmez la colere
Du Juge souverain.
Ainsi soit-il.

EVANGILE
selon S. Luc. 11.

IN illo tempore: Dixit Jesus Discipulis suis: Nemo lucernam accendit, & in abscondito ponit, neque sub modio; sed supra candelabrum, ut qui ingrediuntur lumen videant. Lucerna corporis tui est oculus tuus. Si oculus tuus fuerit simplex, totum corpus tuum lucidum erit. Si autem nequam fuerit, etiam corpus tuum tenebrosum erit. Vide ergo ne lumen quod in te est, tenebræ sint. Si ergo totum corpus tuum lu-

EN ce temps-là : Jesus dit à ses Disciples : On n'allume point une lampe pour la mettre dans un lieu caché, & sous un boisseau, mais on la met sur un chandelier, afin que ceux qui entrent, voient la lumiére. Votre œil est la lampe de votre corps ; si votre œil est pur, tout votre corps sera éclairé. Que s'il est mauvais, votre corps sera aussi ténébreux. Prénez donc garde que la lumiére qui est en vous ne soit que ténébres. Si donc votre corps est tout éclairé sans qu'aucune partie soit ténébreuse, tout en vous sera éclairé, comme lorsqu'une lampe brillante vous éclaire.

cidum fuerit, non habens aliquam partem tenebrarum, erit lucidum totum, & sicut lucerna fulgoris illuminabit.

OFFERTOIRE.

Offrant le Sacrifice à l'Autel, & honorant l'oblation du Roy treshaut, il jetta ses rayons dans le Temple de Dieu comme une flamme étincellante.

Consummatione fungens in ara, amplificare oblationem excelsi Regis, quasi ignis effulgens sic ille effulsit in templo Dei. Eccli. 50. 15. 9.

SECRETTE.

AFin que nous vous offrions, Seigneur, un Sacrifice agreable, nous vous supplions d'allumer dans nos cœurs le feu de votre divin amour, dont vous nous avez marqué

IN oblatione hujus sacrificii, quæsumus Domine, corda nostra tuæ charitatis flamma succendat, igneo illo globo designata, qui supra caput Beati Martini tibi sacri-

OFFICE

ficantis apparuit. Per Dominum nostrum Jesum Christum, &c.

l'ardeur par ce globle de feu qui parut sur la tête de S. Martin lorsqu'il vous offroit le même Sacrifice. Par JESUS-CHRIST notre Seigneur.

COMMUNION.

Quid mihi est in cœlo? & à te quid volui super terram? Deus cordis mei, & pars mea, Deus in æternum. Pſ. 72. 24. 25.

Que désiré-je dans le Ciel, & que veux-je sur la terre, sinon vous seul? ô Dieu de mon ame, vous êtes mon partage pour jamais.

POST-COMMUNION.

Aprés avoir receu le gage le plus précieux de votre amour, nous vous supplions, Seigneur, de nous accorder la grace d'être de parfaits imitateurs de la charité du S. Pontife Martin, afin que

Charitatis tuæ dono repletis quæsumus Domine, mirabilem Sancti Martini Pontificis imitari charitatem, quâ fortiter nos suaviterque disponens, tuæ voluntati etiam rebelles ultrò subji-

cette divine vertu triomphant par une suavité toute puissante de la dureté de nos cœurs, & les rendant volontairement soumis à votre sainte volonté, vous seul, soit que nous vivions, soit que nous mourions, soyez toûjours glorifié en nous. Par JESUS-CHRIST Notre Seigneur, qui étant Dieu, vit & regne avec vous en l'unité du Saint Esprit par tous les siécles des siécles. Ainsi soit-il.

ciat, quatenus sive per vitam, sive per mortem, tu semper & solus magnificeris in nobis. Per Dominum nostrum Jesum Christum Filium tuum, qui tecum vivit & regnat in unitate Spiritûs Sancti Deus, per omnia secula seculorum. Amen.

A SEXTE.

Saint Martin ayant déclaré à ses Disciples, que sa mort étoit tres-proche ; & ses Disciples lui ayant fait connoître par leurs cris, & par l'abondance des larmes qu'ils répandirent, l'excez de leur douleur; il se sentit attendri, & leur donna toutes les marques possibles de la tendresse & de la charité qu'il avoit pour eux, par ces paroles qu'il proféra, dignes de l'admiration de tous les siécles ; tant il étoit rempli de cette vérité : Que soit que nous vivions, soit que nous mourions, nous sommes au Seigneur.

Deus in adjutorium, &c.

Venez à mon aide, ô mon Dieu,

&c. comme ci-devant aux premières Vêpres, page 3.

Gloria Patri, &c.   Gloire au Pere,
Alleluia.   &c. Louez Dieu.

HYMNE.

Rector, potens, verax Deus,
Qui temperas rerum vices,
Splendore manè instruis,
Et ignibus meridiem.

Dieu, qui réglant au Ciel dans sa longue carriére
Cet Astre étincelant,
Rends son matin plus doux par sa clarté premiére,
Et son midy brûlant.

Extingue flammas litium,
Aufer calorem noxium,
Confer salutem corporum,
Veramque pacem cordium.

De l'esprit pointilleux étein la chaleur vaine,
Modére nos excez,
Et fais dans un corps sain goûter à l'ame saine
Ta véritable paix.

Præsta, Pater piissime,

Accomplis nos desirs, Pere saint,
Fils

Fils du Pere, / Patrique compar u-
Esprit, amour / nice,
des deux, / Cum Spiritu Para-
Dont l'homme adore / cleto,
en terre, & l'Ange / Regnans per omne
au Ciel révére / seculum.
L'empire bien-
heureux.
Ainsi soit-il. / Amen.

Antienne, Tunc ingemuit.

DU PSEAUME 118.

MOn ame est tombée en défaillance dans l'attente de votre secours salutaire, & j'ai conservé une espérance tres-ferme dans vos paroles.

DEfecit in salutare tuum anima mea: & in verbum tuum super speravi.

Mes yeux se sont affoiblis, à force d'être attentifs à votre parole, vous disant sans cesse: Quand me consolerez-vous?

Defecerunt oculi mei in eloquium tuum, dicentes: Quando consolaberis me?

Parce que je suis devenu ainsi qu'un vase fait de peau ex-

Quia factus sum sicut uter in pruina: justificationes tuas

P

non sum oblitus. | posé à la gelée ; & cependant je n'ai point oublié vos ordonnances pleines de justice.

Quot sunt dies servi tui ? quando facies de persequentibus me judicium ? | Quel est le nombre des jours de votre serviteur ? Quand exercerez-vous votre jugement contre ceux qui me persécutent ?

Narraverunt mihi iniqui fabulationes : sed non ut lex tua. | Les méchans m'ont entretenu de choses vaines & fabuleuses: mais ce n'étoit pas comme votre loi.

Omnia mandata tua veritas : iniquè persecuti sunt me, adjuva me. | Tous vos commandemens sont remplis de vérité. Ils m'ont persécuté injustement ; secourez-moi.

Paulominùs consummaverunt me in terra : ego autem non dereliqui mandata tua. | Peu s'en est fallu qu'ils ne m'ayent fait périr sur la terre : mais je n'ai point pour cela abandonné vos commandemens.

Secundum misericordiam tuam vi- | Faites-moi vivre selon votre miséricorde ; & je garderai les témoignages de votre bouche.

Votre parole, Seigneur, demeure éternellement dans le ciel.

Votre vérité subsiste dans la suite de toutes les races : Vous avez affermi la terre, & elle demeure *dans le même état.*

Le jour ne subsiste tel qu'il est que par votre ordre : car toutes choses vous obéïssent.

Si je n'avois fait ma méditation de votre loi, j'aurois peut-être péri dans mon humiliation.

Je n'oublierai jamais la justice de vos ordonnances ; parce que ç'a été par elles que vous m'avez donné la vie.

Je suis à vous,

vifica me : & custodiam testimonia oris tui.

In æternum, Domine, verbum tuum permanet in cœlo.

In generationem & generationem veritas tua : fundasti terram, & permanet.

Ordinatione tuâ perseverat dies : quoniam omnia serviunt tibi.

Nisi quòd lex tua meditatio mea est : tunc fortè periissem in humilitate mea.

In æternum non obliviscar justificationes tuas : quia in ipsis vivificasti me.

Tuus sum ego;
P ij

salvum me fac : quoniam justificationes tuas exquisivi.

sauvez-moi ; parce que j'ai recherché vos ordonnances qui sont pleines de justice.

Me expectaverunt peccatores ut perderent me : testimonia tua intellexi.

Les pécheurs m'ont attendu pour me perdre : mais je me suis appliqué à l'intelligence des témoignages de votre loi.

Omnis consummationis vidi finem : latum mandatum tuum nimis.

J'ai vû la fin de toutes les choses les plus parfaites : mais votre commandement est d'une étenduë infinie.

Gloria Patri, &c.

Gloire soit au Pere.

Quomodo dilexi legem tuam, Domine ! totâ die meditatio mea est.

Combien est grand, Seigneur, l'amour que j'ai pour votre loi ! Elle est le sujet de ma méditation durant tout le jour.

Super inimicos meos prudentem me fecisti mandato tuo : quia in æternum mi-

Vous m'avez rendu plus prudent que mes ennemis par les préceptes de votre loi, parce qu'ils sont perpétuellement devant mes yeux.

J'ai eu plus d'intelligence que tous ceux qui m'instruisoient ; parce que les témoignages de votre loi étoient le sujet de ma méditation *continuelle*.

J'ai été plus intelligent que les vieillards ; parce que j'ai recherché vos commandemens.

J'ai détourné mes pieds de toute voie mauvaise, afin de garder vos paroles.

Je ne me suis point écarté de vos jugemens, parce que vous m'avez préscrit une loi.

Que vos paroles me sont douces ! Elles le sont plus que le miel ne l'est à ma bouche.

hi est.

Super omnes docentes me intellexi : quia testimonia tua meditatio mea est.

Super senes intellexi : quia mandata tua quæsivi.

Ab omni via mala prohibui pedes meos : ut custodiam verba tua.

A judiciis tuis non declinavi : quia tu legem posuisti mihi.

Quàm dulcia faucibus meis eloquia tua! super mel ori meo.

P iij

A mandatis tuis intellexi: proptereà odivi omnem viam iniquitatis.

J'ai acquis l'intelligence par la pratique de vos préceptes: & c'est pour cela que j'ai haï toute voie d'iniquité.

Lucerna pedibus meis verbum tuum, & lumen semitis meis.

Votre parole est une lampe qui éclaire mes pieds, & une lumiére qui me fait voir les sentiers où je dois marcher.

Juravi, & statui custodire judicia justitiæ tuæ.

J'ai juré, & résolu fortement de garder les jugemens de votre justice.

Humiliatus sum usquequaque, Domine: vivifica me secundum verbum tuum.

Je suis tombé dans la derniere humiliation, Seigneur: faites-moi vivre selon votre parole.

Voluntaria oris mei beneplacita fac, Domine: & judicia tua doce me.

Faites, Seigneur, que les vœux que ma bouche a prononcez volontairement vous soient agréables; & enseignez-moi vos jugemens.

Anima mea in manibus meis sem-

Mon ame est toûjours entre mes

mains : & je n'ai point cependant oublié votre loi.

Les pécheurs m'ont tendu un piége, & je ne me suis point écarté de vos commandemens.

J'ai acquis les témoignages de votre loi, pour être éternellement mon héritage, parce qu'ils sont toute la joie de mon cœur.

J'ai porté mon cœur à accomplir éternellement vos ordonnances pleines de justice, à cause de la récompense que vous y avez attachée.

Gloire soit au Père, &c.

J'Ay haï les méchans, & j'ai aimé votre loi.

Vous êtes mon défenseur & mon soû-

per : & legem tuam non sum oblitus.

Posuerunt peccatores laqueum mihi : & de mandatis tuis non erravi.

Hæreditate acquisivi testimonia tua in æternum : quia exultatio cordis mei sunt.

Inclinavi cor meum ad faciendas justificationes tuas in æternum, propter retributionem.

Gloria Patri, & Filio, &c.

INiquos odio habui : & legem tuam dilexi.

Adjutor & susceptor meus es tu, &

P iiij

in verbum tuum superſperavi.

tièn; & j'ai mis toute mon eſpérance dans votre parole.

Declinate à me, maligni: & ſcrutabor mandata Dei mei.

Éloignez-vous de moi, vous qui êtes pleins de malignité; & je rechercherai l'intelligence des commandemens de mon Dieu.

Suſcipe me ſecundum eloquium tuum, & vivam: & non confundas me ab expectatione mea.

Affermiſſez-moi, ſelon votre parole, & faites-moi vivre: ne permettez pas que je ſois confondu dans mon attente.

Adjuva me, & ſalvus ero: & meditabor in juſtificationibus tuis ſemper.

Aſſiſtez-moi, & je ſerai ſauvé; & je méditerai continuelle-ſur la juſtice de vos ordonnances.

Sprevisti omnes diſcedentes à judiciis tuis: quia injuſta cogitatio eorum.

Vous avez mépriſé tous ceux qui s'éloignent de vos jugemens; parce que leur penſée eſt injuſte.

Prævaricantes reputavi omnes peccatores terræ: ideò di-

J'ai regardé comme des prévaricateurs, tous les pécheurs de la terre; c'est pourquoi j'ai aimé les témoignages de votre loi.

Transpercez mes chairs par votre crainte, *comme avec des cloux* : car vos jugemens me remplissent de frayeur.

J'ai été équitable dans mes jugemens, & j'ai fait justice : ne me livrez pas à ceux qui me calomnient.

Affermissez votre serviteur dans le bien, & que les superbes ne m'accablent point par leurs calomnies.

Mes yeux se sont affoiblis dans l'attente de votre assistance salutaire, & de vos promesses pleines de justice.

Traitez votre serviteur selon votre miséricorde; & en-

lexi testimonia tua.

Confige timore tuo carnes meas : à judiciis enim tuis timui.

Feci judicium & justitiam : non tradas me calumniantibus me.

Suscipe servum tuum in bonum : non calumnientur me superbi.

Oculi mei defecerunt in salutare tuum : & in eloquium justitiæ tuæ.

Fac cum servo tuo secundum misericordiam tuam : & ju-

stificationes tuas doce me.

Servus tuus sum ego : da mihi intellectum, ut sciam testimonia tua.

Tempus faciendi, Domine : dissipaverunt legem tuam.

Ideò dilexi mandata tua, super aurum & topazion.

Proptereà ad omnia mandata tua dirigebar, omnem viam iniquam odio habui.

Gloria Patri, & Filio, &c.

seignez-moi la justice de vos ordonnances.

Je suis votre serviteur ; donnez-moi l'intelligence, afin que je connoisse les témoignages de votre loi.

Il est temps que vous agissiez, Seigneur ; ils ont renversé votre loi.

C'est pour cela que j'ai aimé vos commandemens plus que l'or & que la topaze.

C'est pour cela que je marchois droit dans la voie de tous vos commandemens : j'ai haï toute voie injuste.

Gloire soit au Pére, & au Fils, &c.

ANTIENNE.

Tunc ingemuit, & cœpit orare cum lachrymis, dicens :

Alors jettant un profond soupir, il commença à prier

DE SAINT MARTIN.

avec larmes, en difant: Seigneur, traitez-moi selon votre volonté.

Domine, secundum voluntatem tuam fac mecum. Tob. 3. 1. 6.

CAPITULE. Philipp. 1. 23.

PErsonne ne vit pour soi-même, & personne ne meurt pour soi-même; car soit que nous vivions, c'est pour le Seigneur que nous vivons; soit que nous mourions, c'est pour le Seigneur que nous mourons. Soit donc que nous vivions, soit que nous mourions, nous sommes au Seigneur.

NEmo nostrûm sibi vivit, & nemo sibi moritur; sive enim vivimus, Domino vivimus; sive morimur, Domino morimur; sive ergo vivimus, sive morimur, Domini sumus.

℞. Rendons graces à Dieu.

℞. *Deo gratias.*

℞. *Br.* Je suis prêt, Seigneur, & mon cœur est disposé à tout ce qui vous plaît. Loüez Dieu, loüez Dieu.

℞. Br. *Paratum cor meum, Deus, paratum cor meum,* * *Alleluia, alleluia.*

Que votre volonté soit faite. Loüez Dieu, loüez Dieu.

Fiat voluntas tua, * *Alleluia, alleluia.*

OFFICE

Gloria Patri, &c. Gloire soit au Pere.
Paratum, &c. Je suis prest, &c.
℣. *Mihi enim vivere Christus est,* ℣. Jesus-Christ est ma vie,
℟. *Et mori lucrum.* ℟. Et la mort m'est un gain.

A NONE.

Les dernières paroles que prononça ce grand Evêque furent pour se mocquer du diable, &c. voyez l'histoire de sa vie.

Si le diable a osé entreprendre sur un homme d'une sainteté si éminente, & si universellement reconnuë, qui ne doit pas craindre à l'heure de la mort d'estre tenté, & même de succomber s'il ne s'accoutume de bonne heure à le combattre, & à vaincre ses tentations!

Deus in adjutorium, &c. Venez à mon aide, ô mon Dieu, &c.
Gloria Patri, &c. Gloire soit au Pere.
Alleluia. Loüez Dieu.

HYMNE.

Rerum Deus tenax vigor, Toi qui dans l'Univers faisant
Immotus in te permanens, mouvoir tout être,
Lucis diurna tempora Es le même toujours;
  Qui marques le moment

-ment où le Soleil doit naître, Et la fin de son cours. Fais que ce feu du Ciel qui nos cœurs illumine Croisse en nous sans déclin; Et qu'une sainte mort nos jours enfin termine, Pour revivre sans fin. Accomplis nos désirs, Pére saint, Fils du Pére, Esprit, amour des deux, Dont l'homme adore en terre, & l'Ange au ciel révére L'empire bien-heureux. Ainsi soit-il.

Successibus determinans.

Largire clarum vesperè, Quo vita nusquam decidat, Sed præmium mortis sacræ, Perennis instet gloria.

Præsta Pater piissime, Patrique compar unice, Cum Spiritu Paracleto, Regnans per omne seculum.

Amen.

Ant. Satan stabat.

Du Pseaume 118.

LEs témoignages de votre Loi sont admirables : c'est

MIrabilia testimonia tua: ideò scrutata est ea

Q

anima mea.

Declaratio sermonum tuorum illuminat: & intellectum dat parvulis.

Os meum aperui & attraxi spiritum: quia mandata tua desiderabam.

Aspice in me, & miserere mei secundum judicium diligentium nomen tuum.

Gressus meos dirige secundum eloquium tuum : & non dominetur mei omnis injustitia.

Redime me à calumniis hominum : et custodiam man-

pourquoi mon ame en a recherché la connoissance avec soin.

L'explication de vos paroles éclaire les ames, & donne l'intelligence aux petits.

J'ai ouvert la bouche, & j'ai attiré l'air que je respire ; parce que je désirois beaucoup vos Commandemens.

Regardez-moi, & ayez pitié de moi selon l'équité dont vous usez envers ceux qui aiment votre Nom.

Conduisez mes pas selon votre parole ; & faites que nulle injustice ne me domine.

Délivrez-moi des calomnies des hommes ; afin que je garde vos Commandemens.

Faites luire sur votre serviteur la lumiere de votre visage; & enseignez-moi la justice de vos ordonnances.

Mes yeux ont répandu des ruisseaux de larmes, parce qu'ils n'ont pas gardé votre loi.

Vous êtes juste, Seigneur; & votre jugement est droit.

Les témoignages de votre loi que vous nous avez donnés, sont tout remplis de justice & de votre vérité.

Mon zéle m'a fait sécher de douleur; parce que mes ennemis ont oublié vos paroles.

Votre parole est éprouvée tres-parfai-

data tua.

Faciem tuam illumina super servum tuum; & doce me justificationes tuas.

Exitus aquarum deduxerunt oculi mei: quia non custodierunt legem tuam.

Justus es, Domine: & rectum judicium tuum.

Mandasti justitiam testimonia tua: & veritatem tuam nimis.

Tabescere me fecit zelus meus: quia obliti sunt verba tua inimici mei.

Ignitum eloquium tuum vehementer:

Q ij

& servus tuus dilexit illud.

Adolescentulus sũ ego, & contemtus: justificationes tuas non sum oblitus.

Justitia tua, justitia in æternum: & lex tua veritas.

Tribulatio & angustia invenerunt me: mandata tua meditatio mea est.

Æquitas testimonia tua in æternum: intellectum da mihi & vivam.

Gloria Patri, & Filio, &c.

Clamavi in toto corde meo, exaudi me Domine:

tement par le feu; & votre serviteur l'aime uniquement.

Je suis petit, & méprisé: mais je n'ai point oublié la justice de vos ordonnances.

Votre justice est la justice éternelle; & votre loi est la vérité même.

L'affliction & l'angoisse sont venus fondre sur moi: & vos commandemens sont tout le sujet de ma méditation.

Les témoignages de votre loi sont remplis d'une justice éternelle. Donnez-moi l'intelligence, & je vivrai.

Gloire soit au Pere.

J'Ay crié de tout mon cœur: Exaucez-moi, Seigneur;

je rechercherai la justice de vos ordonnances.

J'ai crié vers vous : Sauvez-moi, afin que je garde vos commandemens.

Je me suis hâté, & j'ai crié de bonne heure ; parce que j'ai beaucoup espéré en vos promesses.

Mes yeux vous ont regardé de grand matin en prévenant la lumiére ; afin que je méditasse sur vos paroles.

Ecoutez ma voix, Seigneur, selon votre miséricorde : & faites-moi vivre selon l'équité de votre jugement.

Mes persécuteurs ont approché de l'iniquité, & se sont fort éloignez de votre loi.

Vous êtes proche,

justificationes tuas requiram.

Clamavi ad te, salvum me fac : ut custodiam mandata tua.

Præveni in maturitate, & clamavi : quia in verba tua supersperavi.

Prævenerunt oculi mei ad te diluculo : ut meditarer eloquia tua.

Vocem meam audi secundum misericordiam tuam Domine, & secundum judicium tuum vivifica me.

Appropinquaverunt persequentes me iniquitati : à lege autem tua longè facti sunt.

Propè es tu Domi-

Q iiij

ne : & omnes viæ
tua veritas.

Initio cognovi de
testimoniis tuis : quia
in æternum fundasti
ea.

Vide humilitatem
meam, & eripe me :
quia legem tuam non
sum oblitus.

Judica judicium
meum, & redime
me : propter eloquium tuum vivifica me.

Longè à peccatoribus salus : quia justificationes tuas non
exquisierunt.

Misericordiæ tuæ
multæ, Domine : secundum judicium
tuum vivifica me.

Seigneur ; & toutes vos voies sont remplies de vérité.

J'ai connu dés le commencement, que vous avez établi pour toute l'éternité les témoignages de votre loi.

Considérez l'humiliation où je suis, & daignez m'en retirer ; parce que je n'ai point oublié votre loi.

Jugez ma cause, & délivrez-moi : faites-moi vivre conformément à votre parole.

Le salut est loin des pécheurs ; parce qu'ils n'ont point recherché la justice de vos ordonnances.

Vos miséricordes sont abondantes, Seigneur : faites-moi vivre selon l'équité de votre jugement.

Il y en a beaucoup qui me persécutent & qui m'accablent d'afflictions : mais je ne me suis point dêtourné des témoignages de votre loi.

Multi qui persequuntur me, & tribulant me : à testimoniis tuis non declinavi.

J'ai vû les prévaricateurs *de vos ordonnances*, & je séchois de douleur ; parce qu'ils n'ont point gardé vos paroles.

Vidi prævaricantes, & tabescebam: quia eloquia tua non custodierunt.

Voyez, Seigneur, comment j'ai aimé vos commandemens: faites-moi vivre par un effet de votre miséricorde.

Vide quoniam mandata tua dilexi, Domine : in misericordia tua vivifica me.

La vérité est le principe de vos paroles ; tous les jugemens de votre justice sont éternels.

Principium verborum tuorum, veritas: in æternum omnia judicia justitiæ tuæ.

Gloire soit au Pere.

Gloria Patri, &c.

LEs Princes m'ont persécuté sans sujet : & mon cœur n'a été touché que

PRincipes persecuti sunt me gratis: & à verbis tuis formidavit cor meum.

Lætabor ego super eloquia tua: sicut qui invenit spolia multa.

Iniquitatem odio habui, & abominatus sum: legem autem tuam dilexi.

Septies in die laudem dixi tibi, super judicia justitiæ tuæ.

Pax multa diligentibus legem tuã: & non est illis scandalum.

Expectabam salutare tuum, Domine: & mandata tua dilexi.

Custodivit anima mea testimonia tua: & dilexit ea vehementer.

de la crainte de vos paroles.

Je me réjoüirai dans vos ordonnances, comme celui qui a trouvé de grandes dépoüilles.

J'ai haï l'iniquité, & je l'ai euë en abomination : mais j'ai aimé votre loi.

Je vous ai loüé sept fois le jour, à cause des jugemens de votre justice.

Ceux qui aiment votre loi, joüissent d'une grande paix; & il n'y a point pour eux de scandale.

J'attendois *toûjours*, Seigneur votre assistance salutaire; & j'ai aimé vos commandemens.

Mon ame a gardé les témoignages de votre loi, & les a aimez tres-ardemment.

J'ai observé vos commandemens, & les témoignages de votre loi; parce que toutes mes voies sont exposées à vos yeux.

Que ma priére s'approche, Seigneur, & se présente devant vous : donnez-moi l'intelligence selon votre parole.

Que ma demande pénétre jusqu'à votre présence : délivrez-moi selon votre promesse.

Mes lévres feront retentir une hymne à votre gloire, lors que vous m'aurez enseigné la justice de vos ordonnances.

Ma langue publiera votre loi ; parce que tous vos commandemens sont pleins d'équité.

Etendez votre main

Servavi mandata tua, & testimonia tua : quia omnes viæ meæ in conspectu tuo.

Appropinquet deprecatio mea in conspectu tuo, Domine : juxta eloquium tuum da mihi intellectum.

Intret postulatio mea in conspectu tuo: secundum eloquium tuum eripe me.

Eructabunt labia mea hymnum, cùm docueris me justificationes tuas.

Pronuntiabit lingua mea eloquium tuum : quia omnia mandata tua æquitas.

Fiat manus tua ut

salvet me : quoniam mandata tua elegi.

pour me sauver ; parce que j'ai choisi & preferé vos commandemens *à toute autre chose.*

Concupivi salutare tuum, Domine : & lex tua meditatio mea est.

J'ai desiré, Seigneur, votre assistance salutaire ; & vôtre loi est le sujet de ma méditation.

Vivet anima mea, & laudabit te : & judicia tua adjuvabunt me.

Mon ame vivra, & vous loüera : & vos jugemens seront mon appui & ma défense.

Erravi sicut ovis quæ periit : quære servum tuum, quia mandata tua non sum oblitus.

J'ai erré comme une brébis qui s'est perduë : cherchez vôtre serviteur, parce que je n'ai point oublié vos commandemens.

Gloria Patri, & Filio, &c.

Gloire soit au Pére, & au Fils, &c.

ANTIENNE.

Satan stabat, ut adversaretur ei, & dixit ad Satan : Increpet Dominus in te

Satan parut là pour le combattre, & il dit à Satan : Que le Seigneur te reprime,

DE SAINT MARTIN.

Satan; que le Seigneur te reprime.

Satan; increpet Dominus in te. Zach. 3. 1. 2.

CAPITULE. Eccli. 30. 5.

IL ne s'est point affligé à sa mort, & il n'a point rougi devant ses ennemis.

IN obitu suo non est contristatus, nec confusus est coram inimicis.

℟. Br. Je ne serai point un sujet de joie à mon ennemi.

℟. Br. Non gaudebit inimicus meus super me.

Loüez Dieu, loüez Dieu.

* Alleluia, alleluia.

℣. Car mon cœur ne me reproche rien. Loüez Dieu, loüez Dieu.

℣. Neque enim reprehendit me cor meum. * Alleluia, alleluia.

Gloire soit au Pere. Je ne serai, &c.

Gloria Patri, &c. Non, &c.

℣. Celui qui craint le Seigneur, se trouvera heureux à la fin de sa vie.

℣. Timenti Dominum benè erit in extremis. Eccli. 1. 13.

℟. Il reposera en toute assurance, sans craindre aucun mal.

℟. Absque terrore requiescet, timore malorum sublato.

Oraison, Exaudi, &c.

Il n'y a que celui qui a craint le Seigneur pendant sa vie, qui puisse s'assurer de ne rien craindre à la mort, non pas même le démon.

A VESPRES,

Toutes les Antiennes suivantes renferment chacune en paticulier quelqu'une des Vertus en laquelle Saint Martin s'est particulierement rendu considerable.

Deus in adjutorium meum intende.

Domine ad adjuvandum me festina.

Gloria Patri, & Filio, & Spiritui Sancto, sicut erat, &c. Alleluia.

O Dieu, venez à mon aide.

Hâtez-vous, Seigneur, de me secourir.

Gloire soit au Pére, & au Fils, & au Saint Esprit, &c. Loüez Dieu.

PSEAUME 109.

Dixit Dominus Domino meo: Sede à dextris meis.

Donec ponam inimicos tuos, scabellum pedum tuorum.

Le Seigneur a dit à mon Seigneur, Asseyez-vous à ma droite.

Jusqu'à-ce que je réduise vos ennemis à vous servir de marchepied.

DE SAINT MARTIN. 193

Le Seigneur fera sortir de Sion le sceptre de vôtre puissance : régnez au milieu de vos ennemis.

Vous possederez la principauté & l'empire au jour de vôtre puissance ; & au milieu de l'éclat qui environnera vos Saints. Je vous ay engendré de mon sein avant l'étoile du jour.

Le Seigneur a juré, & son serment demeurera immuable ; Que vous êtes le Prêtre éternel selon l'ordre de Melchisedech.

Le Seigneur est à vôtre droite ; il a brisé & mis en poudre les Rois au jour de sa colere.

Il exercera son jugement au milieu des nations : il remplira tout de la ruine de

Virgam virtutis tuæ emittet Dominus ex Sion : dominare in medio inimicorum tuorum.

Tecum principium in die virtutis tuæ in splendoribus Sanctorum : ex utero ante luciferum genui te.

Juravit Dominus, & non pœnitebit eum : Tu es Sacerdos in æternum secundum ordinem Melchisedech.

Dominus à dextris tuis ; confregit in die iræ suæ reges.

Judicabit in nationibus implebit ruinas : conquassabit capita in terra mul-

R

torum.

De torrente in via bibet : proptereà exaltabit caput.

Gloria Patri, & Filio, &c.

ses ennemis ; il écrasera sur la terre les têtes d'un grand nombre de personnes.

Il boira de l'eau du torrent dans le chemin ; & c'est pour cela qu'il élevera sa tête.

Gloire soit au Pére, &c.

ANTIENNE.

Quis est hic, & laudabimus eum ? Fecit enim mirabimirabilia in vita sua, & eleemosynas illius enarrabit omnis Ecclesia sanctorum. Eccl. 31. 9. 11.

Qui est celui-là ? & nous le loüerons ? parce qu'il a fait des choses merveilleuses durant sa vie, & toute l'Eglise des Saints publiera les aumônes qu'il a faites.

Cette premiére Antienne parle de ses aumônes qu'il continua depuis ses plus tendres années jusqu'à la fin de sa vie. Celle qu'il fit dans les dernieres années, lorsqu'étant revétu Pontificalement & prest à monter à l'Autel, il se dépouilla de son habit de dessous pour en revêtir un pauvre à demi nud dans le fort de l'hyver, égale bien en merite celle qu'il avoit faite à l'âge de 18. ans avant son batéme.

DE SAINT MARTIN.

PSEAUME 110.

Confitebor tibi Domine in toto corde meo: in consilio justorum, & congregatione.

Seigneur, je vous loüeray de tout mon cœur dans la société des justes, & dans l'assemblée des peuples.

Magna opera Domini: exquisita in omnes voluntates ejus.

Les œuvres du Seigneur sont grandes, & proportionnées à toutes ses volontez.

Confessio & magnificentia opus ejus: & justitia ejus manet in sæculum sæculi.

Tout ce qu'il fait publie ses loüanges & sa grandeur; & sa justice demeure dans tous les siécles.

Memoriam fecit mirabilium suorum, misericors & miserator Dominus: escam dedit timentibus se.

Le Seigneur qui est misericordieux & plein de clemence, a éternisé la memoire de ses merveilles: il a donné la nourriture *necessaire* à ceux qui le craignent.

Memor erit in sæculum testamenti sui: virtutem operum suorum annunciabit populo suo.

Il se souviendra éternellement de son alliance: il fera connoître à son peuple la puissance de ses œuvres.

Ut det illis hæreditatem gentium : opera manuum ejus, veritas & judicium.

En leur donnant l'héritage des nations. Les œuvres de ses mains ne sont autre chose que vérité & que justice.

Fidelia omnia mandata ejus : confirmata in seculum seculi, facta in veritate & æquitate.

Tous ses préceptes sont fideles & stables dans tous les siécles, ayant été faits sur les regles de la vérité & de l'équité.

Redemptionem misit populo suo : mandavit in æternum testamentum suum.

Il a envoyé un Redempteur à son peuple : il a fait une alliance avec lui pour toute l'éternité.

Sanctum & terribile nomen ejus : initium sapientiæ timor Domini.

Son nom est saint, & terrible. La crainte du Seigneur est le commencement de la sagesse.

Intellectus bonus omnibus facientibus eum : laudatio ejus manet in seculum seculi.

Tous ceux qui agissent conformément à cette crainte, sont remplis d'une intelligence salutaire. Sa loüange subsiste dans tous les siécles.

Gloria Patri, &

Gloire soit au Pere,

& au Fils, & au Saint Esprit, &c. | Filio, & Spiritu Sancto, &c.

Antienne.

Transporté du zele de la loi, comme le fut Phinées, il détruisit les autels avec grand courage, il poursuivit les enfans d'orgueil, & il réüssit dans toutes ses entreprises. | Zelatus legem sicut Phinees, destruxit aras in fortitudine, persecutus est filios superbiæ, & prosperatum est opus in manibus ejus.

Jamais zele ne fut plus grand ; le Paganisme n'avoit point de plus puissant ennemi que lui. Il n'y avoit pas de jour qu'il ne fist quelque conqueste sur le démon ; par tout il laissoit des marques de ses victoires, & dressoit quelques trophées à JESUS-CHRIST sur le débris de quelques idoles. 1. Mach. 2. 26. &c.

Pseaume III.

Heureux est l'homme qui craint le Seigneur, & qui a une volonté ardente d'accomplir ses commandemens. | Beatus vir qui timet Dominum: in mandatis ejus volet nimis.

Sa race sera puissante sur la terre : la posterité des justes sera benie. | Potens in terra erit semen ejus : generatio rectorum benedicetur.

R iij

Gloria & divitiæ in domo ejus : & justitia ejus manet in seculum seculi.

La gloire & les richesses sont dans sa maison : & sa justice demeure dans tous les siécles.

Exortum est in tenebris lumen rectis: misericors & miserator & justus.

Dieu qui est miséricordieux, clément & juste, s'est levé comme une lumiere au milieu des ténebres sur ceux qui ont le cœur droit.

Jucundus homo qui miseretur & commodat, disponet sermones suos in judicio : quia in æternum non commovebitur.

L'homme qui est touché de compassion, & qui prête à ceux qui sont pauvres, qui regle tous ses discours avec prudence & jugement, est vraiment heureux; parce qu'il ne sera jamais ébranlé.

In memoria æterna erit justus : ab auditione mala non timebit.

La memoire du juste sera éternelle; il ne craindra point d'entendre aucune chose affligeante.

Paratum cor ejus sperare in Domino, confirmatum est cor

Il a le cœur toûjours préparé à espérer au Seigneur : son

DE SAINT MARTIN.

cœur est puissamment affermi; il ne sera point ébranlé jusqu'à ce qu'il soit en état de mépriser ses ennemis.

Il a répandu ses biens avec liberalité sur les pauvres. Sa justice demeure dans tous les siécles. Sa puissance sera élevée & comblée de gloire.

Le pécheur le verra, & en sera en colere, il grincera les dents, & séchera de dépit : mais le desir des pécheurs périra.

Gloire soit au Pere & au Fils, &c.

ejus : non commovebitur, donec despiciat inimicos suos.

Dispersit, dedit pauperibus : justitia ejus manet in seculum seculi ; cornu ejus exaltabitur in gloria.

Peccator videbit, & irascetur, dentibus suis fremet & tabescet : desiderium peccatorum peribit.

Gloria Patri & Filio, &c.

ANTIENNE.

Opposant sa priere pour bouclier de son ministere, il calma les troubles, il arrêta ceux qui vouloient le traiter indignement, & il appaisa

Proferens servitutis suæ scutum, orationem, vicit turbas, illum qui se vexabat subjecit, & amputavit impetum incendii. Sap. 18. 21.

R iiij

22. 23. la violence du feu.

Par la priére il vint à bout de tous ses desseins, malgré toutes les oppositions qu'il trouva. Il arrêta la violence du feu, en se mettant lui-même, comme un autre Aaron, au milieu des flammes.

PSEAUME 112.

Laudate, pueri, Dominum : laudate nomen Domini.

Loüez le Seigneur, vous qui êtes ses serviteurs; loüez le nom du Seigneur.

Sit nomen Domini benedictum, ex hoc nunc, & usque in seculum.

Que le nom du Seigneur soit beni dés maintenant, & dans tous les siécles.

A Solis ortu usque ad occasum laudabile nomen Domini.

Le nom du Seigneur doit être loüé depuis le lever du Soleil jusqu'au couchant.

Excelsus super omnes gentes Dominus, & super cœlos gloria ejus.

Le Seigneur est élevé au-dessus de toutes les nations, & sa gloire au-dessus des cieux.

Quis sicut Dominus Deus noster, qui in altis habitat, & humilia respicit in

Qui est semblable au Seigneur notre Dieu, qui habite dans les lieux les plus élevez, & qui regarde ce qu'il y a de plus abaissé dans le ciel & sur la terre ?

Qui tire de la poussière celui qui est dans l'indigence, & qui éleve le pauvre de dessus le fumier,

Pour le placer avec les Princes, avec les Princes de son peuple,

Qui donne à celle qui étoit sterile, la joie de se voir dans sa maison la mere de plusieurs enfans.

Gloire soit au Pere & au Fils, &c.

cœlo & in terra ?

Suscitans à terra inopem, & de stercore erigens pauperem ;

Ut collocet eum cum principibus, cum principibus populi sui :

Qui habitare facit sterilem in domo, matrem filiorum lætantem.

Gloria Patri, & Filio, &c.

ANTIENNE.

Il n'eut point de peur des Princes pendant sa vie ; il parla au Roi, & lui prédit la fin de sa vie. Il haussa sa voix pour prophétiser la ruine des Gentils, & les

In diebus suis non pertimuit principem, notum fecit illi finem vitæ suæ, & exaltavit vocem in prophetia delere impietatem gentis. Eccli. 48. 13. ibid. 46. 23.

menacer de la peine dûë à leur impieté.

Sa fermeté fut toûjours inébranlable ; ny la puissance, ny la colere des Princes ne diminuerent rien de sa charité pour la défense des opprimez. Par un esprit prophétique il prédit à l'Empereur Maxime, que s'il alloit en Italie, il y mourroit.

Pseaume 113.

IN exitu Israel de Ægypto, domûs Jacob de populo barbaro,

Facta est Judæa sanctificatio ejus, Israel potestas ejus.

Mare vidit, & fugit ; Jordanis conversus est retrorsum.

Montes exultaverunt ut arietes ; & colles sicut agni ovium.

Quid est tibi mare, quòd fugisti ? & tu Jordanis, quia conversus es retror-

Lorsqu'Israël sortit de l'Egypte, & la maison de Jacob du milieu d'un peuple barbare,

Dieu consacra le peuple Juif à son service, & établit son empire dans Israël.

La mer le vit, & s'enfuit ; le Jourdain retourna en arriere.

Les monts sauterent comme des beliers, & les collines comme les agneaux des brebis.

Pourquoi, ô mer, vous êtes-vous enfuie ? Et vous, ô Jourdain, pourquoi êtes-vous retourné en arrière ? | sum ?

Pourquoi, montagnes, avez-vous sauté comme des beliers; & vous, collines, comme les agneaux des brebis ? | Montes exultastis sicut arietes, & colles sicut agni ovium.

La terre a été ébranlée à la présence du Seigneur, à la présence du Dieu de Jacob ; | A facie Domini mota est terra, à facie Dei Jacob ;

Qui changea la pierre en des torrens d'eau, & la roche en des fontaines. | Qui convertit petram in stagna aquarum, & rupem in fontes aquarum.

Ne nous en donnez point, Seigneur, ne nous en donnez point la gloire ; donnez-la à votre nom, | Non nobis, Domine, non nobis, sed nomini tuo da gloriam.

Pour faire éclater votre miséricorde, & votre verité ; de peur que les nations ne disent : Où est leur Dieu ? | Super misericordia tua, & veritate tua ; nequando dicant gentes : Ubi est Deus eorum ?

Mais notre Dieu est dans le ciel ; & | Deus autem noster in cœlo ; omnia

quæcumque voluit, fecit.	tout ce qu'il a voulu; il l'a fait.
Simulachra gentium argentum & aurum, opera manuum hominum.	Les idoles des nations ne sont que de l'argent & de l'or, & les ouvrages des mains des hommes.
Os habent, & non loquentur: oculos habent, & non videbunt.	Elles ont une bouche, & elles ne parleront point; elles ont des yeux, & elles ne verront point.
Aures habent, & non audient: nares habent, & non odorabunt.	Elles ont des oreilles, & n'entendront point; elles ont des narines, & seront sans odorat.
Manus habent, & non palpabunt; pedes habent, & non ambulabunt; non clamabunt in gutture suo.	Elles ont des mains, sans pouvoir toucher; elles ont des pieds, sans pouvoir marcher; & avec la gorge qu'elles ont, elles ne pourront crier.
Similes illis fiant qui faciunt ea; & omnes qui confidunt in eis.	Que ceux qui les font, leur deviennent semblables, avec tous ceux qui mettent en elles leur confiance.

confiance.

La maison d'Israël a espéré au Seigneur; il est leur soutien & leur protecteur.	Domus Israël speravit in Domino: adjutor eorum & protector eorum est.
La maison d'Aaron a espéré au Seigneur; il est leur soutien & leur protecteur.	Domus Aaron speravit in Domino: adjutor eorum & protector eorum est.
Ceux qui craignent le Seigneur, ont mis au Seigneur leur espérance; il est leur soutien & leur protecteur.	Qui timent Dominum, speraverunt in Domino: adjutor eorum & protector eorum est.
Le Seigneur s'est souvenu de nous, & nous a benis.	Dominus memor fuit nostri: & benedixit nobis.
Il a beni la maison d'Israël; il a beni la maison d'Aaron.	Benedixit domui Israël: benedixit domui Aaron.
Il a beni tous ceux qui craignent le Seigneur; les plus petits comme les plus grands.	Benedixit omnibus qui timent Dominum, pusillis cum majoribus.
Que le Seigneur vous comble de nouveaux biens, vous & vos enfans.	Adjiciat Dominus super vos: super vos, & super filios vestros.

S

Benedicti vos à Domino, qui fecit cœlum & terram.	Soyez benis du Seigneur, qui a fait le ciel & la terre.
Cœlum cœli Domino : terram autem dedit filiis hominum.	Le ciel le plus élevé est pour le Seigneur, mais il a donné la terre aux enfans des hommes.
Non mortui laudabunt te, Domine : neque omnes qui descendunt in infernum.	Les morts, Seigneur, ne vous loüeront point ; ni tous ceux qui descendent dans l'enfer.
Sed nos qui vivimus, benedicimus Domino, ex hoc nunc & usque in seculum.	Mais nous qui vivons, nous bénissons le Seigneur dés maintenant, & dans tous les siécles.
Gloria Patri & Filio, &c.	Gloire soit au Pere & au Fils, &c.

ANTIENNE.

Amplificatus in mirabilibus suis, sustulit mortuos ab inferis de sorte mortis in verbo Domini. Et quis potest similiter sic gloriari. Eccli. 48. 4. 5.	Quelle gloire ne s'est-il point acquise par ses miracles ! lui qui par la parole du Seigneur a fait sortir les morts des enfers, & les a arrachez à la mort ; Et qui peut se

glorifier comme lui?

On ne finiroit pas plutoſt ſes miracles que ſes vertus; il en a fait de toutes manieres, ayant une puiſſance égale ſur les démons, ſur les maladies, ſur les éléments, ſur toute la nature, & ſur la mort même.

A l'uſage de Rome & de Paris l'on dit le Pſeaume ſuivant au lieu de In exitu Iſraël, *&c.*

PSEAUME 131.

Souvenez-vous, Seigneur, de David, & de toute ſa douceur.

Souvenez-vous qu'il a juré au Seigneur, & fait ce vœu au Dieu de Jacob:

Si j'entre dans le ſecret de ma maiſon; ſi je monte ſur le lit qui eſt préparé pour me coucher;

Si je permets à mes yeux de dormir, & à mes paupieres de ſommeiller;

Et ſi je donne aucun repos à mes tem-

Memento, Domine, David, & omnis manſuetudinis ejus.

Sicut juravit Domino, votum vovit Deo Jacob:

Si introïero in tabernaculum domûs meæ: ſi aſcendero in lectum ſtrati mei;

Si dedero ſomnum oculis meis, & palpebris meis dormitationem,

Et requiem temporibus meis: donec in-

S ij

veniam locum Domino, tabernaculum Deo Jacob.

ples, jusques à ce que je trouve un lieu propre pour le Seigneur, & un tabernacle pour le Dieu de Jacob.

Ecce audivimus eam in Ephrata : invenimus eam in campis sylva.

Nous avons oüi dire, que l'arche étoit autrefois dans Ephrata ; nous l'avons trouvée dans les champs de la forest.

Introïbimus in tabernaculum ejus : adorabimus in loco, ubi steterunt pedes ejus.

Nous entrerons dans son tabernacle ; nous l'adorerons dans le lieu où il a posé ses pieds.

Surge, Domine, in requiem tuam, tu & arca sanctificationis tuæ.

Levez-vous, Seigneur, pour entrer en votre repos, vous & l'arche où éclate votre sainteté.

Sacerdotes tui induantur justitiam : & Sancti tui exultent.

Que vos Prêtres soient revêtus de justice, & que vos Saints tressaillent de joie.

Propter David servum tuum, non

En considération de David votre serviteur, ne rejettez pas le visage de votre CHRIST.

Le Seigneur a fait à David un serment tres-veritable; & il ne le retractera point. J'établirai, lui a-t-il dit, sur votre trône le fruit de votre ventre.

Si vos enfans gardent mon alliance, & ces préceptes que je leur enseignerai;

Et que leurs enfans les gardent aussi pour toûjours; ils seront assis sur votre trône.

Car le Seigneur a choisi Sion; il l'a choisie pour sa demeure.

C'est-là pour toûjours le lieu de mon repos : c'est-là que j'habiterai, parce que je l'ai choisie.

avertas faciem Christi tui.

Juravit Dominus David veritatem, & non frustrabitur eam; de fructu ventris tui ponam super sedem tuam.

Si custodierint filii tui testamentum meum, & testimonia mea hæc, quæ docebo eos,

Et filii eorum usque in seculum; sedebunt super sedem tuam.

Quoniam elegit Dominus Sion: elegit eam in habitationem sibi.

Hæc requies mea in seculum seculi: hic habitabo, quoniam elegi eam.

S iij

Viduam ejus benedicens benedicam; pauperes ejus saturabo panibus.

Je donnerai à sa veuve une benediction abondante; je rassasierai ses pauvres de pain.

Sacerdotes ejus induam salutari; & Sancti ejus exultatione exultabunt.

Je revêtirai ses Prêtres d'une vertu salutaire ; & ses Saints seront tous ravis de joie.

Illuc producam cornu David, paravi lucernam Christo meo.

C'est-là que je ferai paroître la puissance de David : j'ai préparé une lampe à mon CHRIST.

Inimicos ejus induam confusione; super ipsum autem efflorebit sanctificatio mea.

Je couvrirai de confusion ses ennemis : mais je ferai éclater sur lui *la gloire* de ma propre sanctification.

Gloria Patri & Filio, &c.

Gloire soit au Pere & au Fils, &c.

CAPITULE. Eccli. 11.

Erexit eum Dominus ab humilitate ipsius, & exaltavit caput ejus, & mirati sunt in il-

LE Seigneur l'a tiré de son humiliation, & l'a élevé en honneur ; plusieurs ont été surpris

DE SAINT MARTIN.

en le voyant, & en
ont rendu gloire à
Dieu.

*In multis, & honora-
verunt Deum.*

Le Seigneur l'ayant tiré de son état d'humilité à la dignité Episcopale, lui donna en même temps les graces nécessaires pour s'en acquitter au grand avantage de tous les peuples qui ne cessoient d'admirer les bontez de Dieu, & de le glorifier en sa personne.

RÉPONS.

JEsus-Christ sera encore maintenant glorifié dans mon corps avec toute liberté, comme il l'a toûjours été, soit par ma vie, soit par ma mort.	*IN omni fiducia, sicut semper & nunc magnificabitur Christus in corpore meo. * Sive per vitam, sive per mortem.*
℣. Je suis prêt, Seigneur, de suivre vos commandemens, & je ne suis troublé de rien, &c.	*℣. Paratus sum, Domine, & non sum turbatus, ut custodiam mandata tua. * Sive, &c.*
Gloire soit au Pere. Soit.	*Gloria Patri, &c. * Sive.*

Lui de son côté cherchoit aussi toutes les occasions de glorifier le Seigneur, à quelque prix que ce fût, soit par la prédication de l'Evangile en vivant, soit en scellant par l'effusion de son sang la vérité de sa doctrine, sans que rien ait jamais troublé le repos de son Ame toûjours prête à suivre les ordres du Seigneur.

Ce fut pour récompenser une disposition si sainte, que Dieu le retira de ce monde pour lui donner place dans son Royaume.

Hymne, Thure fumantes, &c. *comme à* Laudes.

℣. *Exaltavit in æternum Dominus cornu ejus.*

℞. *Et dedit illi testamentum regni & sedem gloriæ.*
Eccli. 47. ℣. 13.

℣. Le Seigneur a relevé sa puissance pour jamais,

℞. Et lui a assuré le Royaume par son alliance, & un thrône de gloire.

CANTIQUE DE LA VIERGE. Luc 1.

Magnificat : anima mea Dominum.

Et exultavit spiritus meus : in Deo salutari meo.

Quia respexit humilitatem ancillæ suæ : ecce enim ex hoc beatam me dicent omnes generationes.

Mon ame, glorifie le Seigneur.

Et mon esprit ravi de joye, rend graces à Dieu mon Sauveur.

De ce qu'il a daigné regarder la bassesse de sa servante : car cette insigne faveur me fera nommer bien-heureuse dans la succession de tous les siécles.

Il a fait en moi de grandes choses, lui qui est tout-puissant, & de qui le Nom est saint.

Quia fecit mihi magna qui potens est: & sanctum nomen ejus.

Sa misericorde & sa bonté passe dans la suite de plusieurs âges, pour ceux qui le craignent & qui le servent.

Et misericordia ejus à progenie in progenies: timentibus eum.

Il a déployé la force de son bras: il a renversé l'orgueil des superbes en dissipant leurs desseins.

Fecit potentiam in brachio suo: dispersit superbos mente cordis sui.

Il a fait descendre les grands & les puissans de leurs trônes, & a élevé les petits.

Deposuit potentes de sede: & exaltavit humiles.

Il a rempli de biens ceux qui étoient dans l'indigence; & a renvoyé vuides & pauvres ceux qui étoient riches.

Esurientes implevit bonis: & divites dimisit inanes.

Il a pris en sa sauvegarde Israel son serviteur, se souve-

Suscepit Israel puerum suum: recordatus misericordiæ suæ.

Sicut locutus est ad Patres nostros: Abraham & semini ejus in secula.

Gloria Patri, &c.

nant par sa bonté, D'accomplir la promesse qu'il avoit faite à nos Peres, à Abraham, & à toute sa posterité pour jamais.

Gloire soit au Pére

ANTIENNE.

In omni ore quasi mel indulcabitur ejus memoria ; ipse est directus divinitùs in pœnitentiam gentis, & tulit abominationes impietatis. Eccli. 49. 2. 3.

Son souvenir sera doux à la bouche de tous les hommes, comme le miel ; il a été destiné divinement pour faire rentrer le peuple dans la pénitence, & il a exterminé les abominations de l'impiété.

Qui doute que la memoire qui nous reste de ce Saint ne soit à jamais honorée de tous les Fideles & dans une bénédiction éternelle, pour avoir converti tant d'infideles, renversé leurs idoles, augmenté la Religion, & fait pendant sa vie tant de merveilles, *quæ adeo omnia majora sunt, quàm ut verbis dici queant.* Ex lib. B. Sulpicii Severi de B. Martini vita.

DE SAINT MARTIN.

A COMPLIES.

CONVERTISSEZ-nous, ô Dieu! qui êtes nôtre salut. &c. comme cy-devant, à la page 13. & suivantes.

COnverte nos Deus salutaris, noster, &c.

HYMNE.

GRand Dieu, l'auteur de la nature,	DEus Creator omnium,
Toi qui des Cieux régles le mouvement;	Polique rector, vestiens
De la lumiere au jour tu donnes la parure,	Diem decoro lumine.
Et tu fais que la nuit on dort tranquillement.	Noctem soporis gratiâ.
Accorde-nous un saint usage	Artus solutos ut quies
De ce repos qui va nous soulager;	Reddat laboris usui;
Que des tristes chagrins il chasse le nuage,	Mentesque fessas allevet,

Luctusque solvat anxios.	Et qu'il serve au travail pour nous encourager.
Grates, peracto jam die,	Reçoi nos actions de graces ;
Et noctis exortu preces,	Nous te prions à la fin de ce jour ;
Votis, reos ut ad juves,	Et puisque par bonté tous nos vœux tu surpasses,
Hymnum canentes solvimus.	Nous osons t'adresser les chants de notre amour.
Te cordis ima concinant,	Que du cœur partent nos Cantiques,
Te vox canora concrepet,	Que notre voix célèbre ta Grandeur,
Te diligat castus amor,	Que pour Toi consumé de flames Angeliques ;
Te mens adoret sobria.	Notre esprit soit frapé d'une sainte frayeur.
Ut cùm profunda clauserit	Afin que lorsque la nuit sombre
Diem caligo noctium,	Aura sur nous étendu son rideau ;
Fides tenebras nesciat,	Notre Foi brille ainsi que le soleil, sans ombre,

DE SAINT MARTIN.

Et que de la nuit même elle soit le flambeau.	Et nox fide reluceat.
Preserve du sommeil notre ame ;	Dormire mentem ne sinas
Mais plonges-y le serpent infernal ;	Dormire culpa noverit ;
Dissipe par la Foi cette enyvrante flame,	Custos fides refrigerans
Ce charme du sommeil qui nous dispose au mal.	Somni vaporem temperet:
Bannis toute sale pensée,	Exuta sensu lubrico
Et qu'en dormant le cœur veille pour toi,	Te cordis alta somnient ;
Que de notre ennemi la malice rusée	Nec hostis invidi dolo
Parmi notre repos ne jette point l'effroi.	Pavor quietos suscitet.
Prions le CHRIST, prions le Pére,	Christum rogemus & Patrem
Prions l'Esprit qui procéde des deux,	Christi Patrisque Spiritum ;
Puissante Trinité, reçoi notre priére,	Unus potens per omnia,
Garde-nous dans ton	Fove precantes, Tri-

T

nitas, | sein en tout tems en tous lieux.

Amen. | Ainsi soit-il.

A l'usage de Rome & de Paris, on dit l'Hymne suivante.

HYMNE.

Te lucis ante terminum, | Avant qu'au jour fuyant la nuit sombre succéde, Et nous ferme les yeux ;

Rerum creator poscimus, Ut pro tua clementia, | Connoissant ta bonté, nous implorons ton aide,

Sis præsul ad custodiam. | O monarque des Cieux !

Procul recedant somnia, | Ecarte de nos sens ces songes pleins de charmes,

Et noctium phantasmata, | Que forme l'ennemi ;

Hostemque nostrum comprime, | Conserve chaste & pur contre ses noires armes

Ne polluantur corpora. | Notre corps endormi.

Præsta Pater om- | Accomplis nos dé-

DE SAINT MARTIN.

firs, Pére saint, Fils du Pére,	nipotens,
Esprit, amour des deux,	Per Jesum Christum Dominum,
Dont l'homme adore en terre, & l'Ange au ciel révére	Qui tecum in perpetuum,
L'empire bien-heureux	Regnat cum Sancto Spiritu.
Ainsi soit-il.	Amen.

CAPITULE. Jerem. 14.

TU *in nobis es Domine, & Nomen sanctum, &c.* comme cy-devant page 21.

FIN.

T ij

ABREGÉ
DE LA VIE
DE S. MARTIN,
ARCHEVESQUE DE TOURS.

SAINT Martin nâquit à Sabarie Ville de Pannonie, du tems du Grand Constantin l'an 316. Son Pere qui étoit payen servoit dans les troupes de l'Empereur en qualité de Tribun Militaire, ce qui revient à la Charge de Colonel ou Brigadier; lui-même étoit destiné à porter les armes & par l'engagement de sa naissance, & par une Loi Romaine qui y obligeoit les Enfans des Officiers; mais comme c'étoit contre son inclination, à l'âge de dix ans il s'enfuit à l'Eglise des Chrétiens malgré ses parens, & demanda qu'on le fist Cathécumene. Il fut reçu aux instructions, & conçut alors un si grand amour pour Dieu, qu'à douze

T iij

ans il voulut se retirer dans le desert, afin de ne plus vivre que pour lui; il l'auroit fait, si la foiblesse de son âge ne l'en eust empêché. Il n'avoit que quinze ans lorsqu'il vint un ordre des Empereurs pour enrôler les Enfans des Veterans. Son Pere qui ne souffroit qu'avec peine les pieux exercices d'une vie si innocente, le découvrit lui-même. Martin fut pris, enchaîné, engagé à prêter le serment, & destiné pour servir dans la Cavalerie ; lorsqu'il se vit obligé de marcher, il se contenta d'un seul valet, à qui il rendoit souvent plus de services qu'il n'en recevoit de lui. Dans tout le tems qu'il porta les armes il se préserva des vices qui accompagnent pour l'ordinaire cette profession. Il avoit pour tout le monde une charité admirable, & assistoit de tout ce qu'il avoit ceux qu'il voyoit dans le besoin. Un jour comme il ne lui restoit que ses armes & une casaque dont il se couvroit, il eut à sa rencontre à la porte de la Ville d'Amiens un pauvre tout nud, c'étoit au plus fort de l'hyver qui étoit si rude cette année-là, que plusieurs mouroient de froid ; il crut que c'étoit à lui que Dieu reservoit ce pauvre que personne n'assistoit ; ainsi sans délibérer, il tira son épée, coupa la casaque en deux, en donna la moitié au mendiant, & se couvrit de l'autre comme il put; la nuit suivante il vit en songe Jesus-Christ revêtu de cette moitié d'habit qu'il avoit donnée à ce pauvre; il lui sembla qu'il disoit aux Anges qui l'environnoient: *C'est Martin qui m'a revêtu de cet habit.* Cette vision lui donna tant de confiance en la bonté Divine, qu'il ne voulut plus differer son Baptême; il le reçut étant âgé de dix-huit ans, & songea aussi-tost à quitter le service; mais il y fut retenu encore prés de deux ans par la sollicitation de son Tribun, qui avoit promis de quitter avec lui. Aprés cinq années de service, il passa plusieurs années dans la retraite; il en sortit pour aller se mettre sous la discipline de Saint Hilaire Évêque de Poitiers. Quelque tems aprés il fut averti en songe d'aller travailler à la conversion de ses parens. S. Hilaire le lui permit aprés lui avoir fait promettre de revenir à Poitiers; en chemin il tomba entre les mains de quelques voleurs, qui furent sur le point de le tuer; un d'eux arrêta la hache d'un autre qui avoit déja levé le bras pour lui fendre la tête; on le lia, & on le laissa à la garde de l'un de la bande pour le dépoüiller ; celui-ci lui demanda s'il n'avoit point eu peur ; Martin répondit que non, parce qu'étant Chrétien, il mettoit toute sa confiance en Dieu ; mais qu'il étoit bien plus touché du péril où étoit le salut d'un homme qui se perdoit comme lui par les crimes du brigandage & de l'homicide. Il parla ensuite de JESUS-CHRIST avec tant d'efficace, qu'il le convertit. Ce Voleur s'étant fait depuis Religieux, racontoit avec beaucoup de reconnoissance la grace que Dieu lui avoit faite par son serviteur Martin. Le Saint étant arrivé en Pannonie, retira sa Mere des ténébres de l'idolâtrie, mais son Pere demeura dans son aveuglement. Il contribua aussi au salut de beaucoup de personnes dans son païs. Il s'opposa avec beaucoup de force aux Arriens qui dominoient dans l'Illyrie ; ils lui firent souffrir divers tourmens, jusqu'à-ce que lui ayant fait donner le foüet en public, ils le firent chasser de la Ville. Il revint en Italie, où apprenant que S. Hilaire étoit banni, il se retira prés de la Ville de Milan, & commença à y mener une vie monastique. Il n'y fut pas long-tems en repos, car l'Evêque Auxence, l'un des chefs du parti des Arriens, aprés beaucoup de mauvais traitemens, le chassa de la ville & du païs. Notre Saint ayant appris que S. Hilaire revenoit de son éxil, il vint le trouver à Poitiers: il choisit prés de là un lieu de retraite, & bâtit un Monastere dans un fonds que lui donna le S. Evêque. Ce fut-là qu'il ressuscita un Cathécumene de ses Disciples, qui étoit mort en son absence. Ce miracle étendit fort loin sa réputation, qui s'accrut encore, lorsque peu de tems aprés il ressuscita un homme qui s'étoit pendu.

Le Siége de l'Eglise de Tours étant venu à vaquer par la mort de S. Lidoire, Saint Martin fut arraché de son Cloître, & amené à Tours par le peuple qui s'étoit mis en embuscade pour se saisir de lui ; il y fut receu parmi les applaudissemens d'une multitude incroyable qui y étoit accouruë pour prendre part à son élection. Il se trouva des gens, & même quelques Evêques, qui estimoient que Martin n'étoit pas assez bien fait pour être Evêque ; mais le peuple se moqua de ces Censeurs, & n'eut d'égard qu'à son grand mérite, que son extérieur négligé lui rendoit encore plus recommandable.

Il ne changea rien de sa maniere de vivre, & vécut aussi pauvrement dans l'Episcopat, qu'il avoit fait dans son Monastere. Il demeura quelque tems dans une cellule qui tenoit à l'Eglise ; mais comme il étoit trop distrait par les visites, il se bâtit un Monastere dans un lieu desert enfermé d'un côté par une roche fort escarpée, & de l'autre par la Riviere de Loire, à deux milles de la Ville ; ce fut-là l'origine du célébre Monastere de Marmoutier, qui subsiste aujourd'hui sous la Régle de S. Benoist. Il y receut dés le commencement jusqu'à quatre-vingt Religieux, qui devinrent de grands hommes sous sa discipline, aussi n'y avoit-il point d'Eglise qui ne désirast d'avoir un Pasteur tiré du Monastere de Saint Martin.

S'étant trouvé un jour obligé d'aller à la Cour de Valentinien, qui étoit alors dans les Gaules : ce Prince qui ne vouloit pas lui accorder ce qu'il lui venoit demander, défendit qu'on le laissast entrer dans le Palais. Aprés avoir tenté deux fois inutilement pour y entrer, il eut recours à ses armes ordinaires ; il se revêtit d'un cilice, se couvrit de cendre, s'abstint de boire & de manger, & pria jour & nuit. Le septiéme jour sur un ordre receu d'un Ange qui lui étoit apparu, il alla droit au Palais, toutes les portes s'ouvrirent, il entra dans l'appartement de l'Empereur sans que personne se mist en devoir de l'arrêter : Ce Prince l'ayant apperçu, se mit en colere, & ne daigna pas se lever ; mais le feu qui prit à son siége l'obligea de le faire bien plus vîte que n'auroit fait le devoir de la civilité. Il embrassa le Saint Evêque plusieurs fois, & lui accorda tout ce qu'il désiroit, sans attendre qu'il le lui demandast ; il le fit manger souvent à sa table ; & lui offrit beaucoup de présens, que le Saint refusa pour se conserver dans sa pauvreté.

Il y avoit prés de Marmoutier un lieu que le peuple abusé croyoit être consacré à la mémoire de quelques Martyrs ; il y avoit même un Autel. Saint Martin qui ne croyoit pas legerement, & se défioit de la crédulité de la populace, n'ayant pu apprendre ni le nom du Martyr que l'on reveroit, ni le tems auquel il avoit souffert, s'abstint durant quelque tems d'aller en ce lieu, mais y étant retourné avec un petit nombre de Religieux, & se tenant débout sur le tombeau, il pria Dieu de lui faire connoître qui y étoit enterré ; un moment aprés il apperçut à sa gauche une ombre horrible à voir ; il lui commanda de dire son nom & son état; l'ombre obéit : c'étoit un voleur qu'on avoit éxécuté pour ses crimes, & que ce peuple honoroit par erreur. Tous les assistans entendirent la voix, mais ils ne virent point le spectre. Le Saint détruisit l'Autel, & garantit le peuple de cette superstition.

Le Paganisme n'avoit point alors de plus puissant ennemi que notre Saint. Il ruina un grand nombre de temples, & abatit les arbres que les payens honoroient comme sacrez. Un jour qu'il avoit abatu un temple fameux, il voulut aussi couper un grand pin qui en étoit proche; le Pontife du lieu & les autres payens s'y opposerent fortement; enfin ils lui dirent s'il avoit tant de confiance en son Dieu, ils s'offroient à couper l'arbre eux-mêmes, pourvû qu'il fust dessous quand il tomberoit : il accepta la condition sans hésiter; il se laissa même lier & mettre à leur gré du côté où l'arbre penchoit. Il vint une grande foule de monde à ce spectacle; les Moines qui accompagnoient le Saint, tous saisis de crainte, n'attendoient plus que sa mort; l'arbre à demi coupé commençoit à tomber sur Saint Martin, lorsqu'il fut repoussé par le Signe de la Croix qu'il fit, comme par un coup de vent, tomba de l'au-

tre

DE SAINT MARTIN.

tre côté, & pensa accabler les païsans qui s'y croyoient le plus en sureté. Il s'éleva un grand cry, les auteurs de l'entreprise parurent étourdis d'un tel miracle, & il n'y eut presque personne de cette multitude prodigieuse de payens qui ne se dist Chrétien, & qui ne demandast l'imposition des mains pour être receu Catechumene. Dieu l'a souvent preservé miraculeusement des entreprises que les payens faisoient pour le tuer. Une fois comme il abattoit un Temple dans le territoire d'Autun, une troupe d'idolâtres se jetta sur lui en furie; l'un d'eux ayant tiré l'épée, le saint ôta son manteau, se découvrit le cou & le lui presenta : celui-ci pensant lever le bras tomba à la renverse, & tout effrayé il lui demanda le pardon qu'il obtint facilement. Le couteau échappa des mains d'un autre qui avoit voulu le percer pendant qu'il renversoit des Idoles.

Ce seroit une chose infinie de vouloir rapporter tous les miracles que Dieu opéra par le ministere de saint Martin, on pourroit dire que Dieu lui avoit communiqué tout le pouvoir qu'il a lui-même sur les demons, sur les maladies & sur les Elemens. A Paris il guerit un lepreux par un baiser, à Treves une fille

V.

paralytique qui expiroit fut guerie par l'huile benite; il délivra de la possession du demon un esclave de Tetrade; il guerit l'œil de Saint Paulin, où le cataracte commençoit à se former. Les filets de sa robe ou de son cilice guerissoient des fiévres, Il avoit communication avec les esprits celestes qui lui étoient envoyez pour l'assister ou pour l'instruire des volontez de Dieu.

Etant pressé par sa charité de sauver la vie à quelques malheureux, il retourna à Treves pour solliciter leur grace auprés du tyran Maxime qui regnoit dans les Gaules aprés avoir tué l'Empereur Gratien son maistre. Il y trouva les Ithaciens, qui avoient pour chefs deux Evêques d'Espagne qui s'adresserent aux Juges seculiers contre la discipline de l'Eglise, pour solliciter avec violence la mort des heretiques : mais ils accusoient aussi d'heresie les gens de bien qui faisoient profession d'une vertu un peu austere, d'une morale étroite & d'une vie trop retirée. Ils avoient obtenu du tyran une commission de les rechercher en Espagne & de leur ôter la vie & les biens. Saint Martin qui detestoit un procedé si violent, ne vouloit point communiquer avec eux, & sollicitoit auprés du tyran la vie des heretiques & la paix des Catholiques dont on ne pouvoit souffrir la vertu; le tyran le combla d'honneur, & lui accorda toutes ses demandes, à condition neanmoins qu'il communiqueroit avec les Ithaciens. Le saint Evêque qui refusa toujours de signer l'acte de communication, voyant le moment qu'on alloit executer les violences des Ithaciens, se sentit si pressé par sa charité, qu'il crut pouvoir pour quelques heures communiquer avec eux : mais il avoua souvent à ses disciples qu'il sentoit depuis moins de grace & de pouvoir pour faire des miracles. Depuis ce tems saint Martin fut dans une plus grande reserve, & pendant onze ans qu'il vécut encore, il ne se trouva à aucun Concile, & s'éloigna de toutes les assemblées d'Evêques. Dieu lui avoit peut-être menagé cette humiliation pour faire un contre-poids aux applaudissemens & aux honneurs qu'il avoit receus à la Cour de Maxime. Cet Empereur ayant enfin obtenu de lui qu'il voulust bien manger à sa table, tint ce repas à grand honneur & y invita les personnes les plus considerables de la Cour. Au milieu du repas l'Officier presenta la coupe à Maxime selon la coutume. Ce Prince la fit donnet à saint Martin s'attendant à la recevoir ensuite de sa main; mais quand il eut bû, il donna la coupe à son Prêtre comme à celui de la compagnie qui étoit plus digne de boire aprés lui, ne croyant pas devoir même en ces occasions, preferer les grands de la terre à une personne honorée du Sacerdore de JESUS-CHRIST, si vile qu'elle put être d'ailleurs. Cette action si libre fût approuvée de l'Empereur & de tous les Officiers, & on loua saint Martin d'avoir fait à la table d'un Empereur ce qu'aucun autre Evêque n'auroit osé faire à la table des moindres Magistrats.

L'Imperatrice de son côté étoit toûjours occupée a écouter le saint Evêque, demeurant assise à ses pieds, elle voulut à son tour lui donner à manger en particulier, elle en pria l'Empereur, & tous deux ensemble l'en presserent de telle sorte qu'il ne put s'en défendre. Elle lui prépara elle-même tout ce qu'elle devoit lui presenter. Pendant qu'il mangeoit elle se tenoit éloignée dans la posture d'une servante; elle lui donnoit à boire, & lorsque le petit repas fût fini elle ramassa les restes de son pain & les conserva precieusement jusqu'aux moindres miettes.

Quoique saint Martin eust senti depuis son retour de Treves quelque diminution de puissance pour l'operation des miracles, on ne s'appercevoit pas neanmoins qu'il y eust moins de possedez & moins de malades gueris qu'aupavant, si ce n'est qu'il le faisoit avec plus de reserve.

Sa charité & son humilité, aussi-bien que sa douceur & sa patience étoient des miracles continuels dont il faisoit paroître, dans les occasions des effets surprenants. Etant un jour revétu pour officier Pontificalement & prest à monter à l'Autel, il se dépoüilla de son habit de dessous pour en revétir un pauvre à demi nud dans le fort de l'Hyver.

Il aimoit sincerement ses persecuteurs, & paroissoit même avoir plus de tendresse pour ceux qui l'outrageoient ou qui se mocquoient de lui & le faisoient passer pour un hypocrite & un bigot. L'un de ceux qui exercerent le plus son humilité & sa patience, fut un Prêtre de son Eglise appelé Brice, qui depuis par les prieres de nôtre saint auprés de Dieu, devint un grand homme, & fut jugé digne d'être son successeur dans l'Episcopat.

On le regardoit comme le pere & le maître commun des Evêques des Gaules :

il en avoit toujours à sa compagnie dans ses voyages.

S'étant trouvé à Chartres avec saint Victrice Evêque de Roüen, & un autre nommé Valentinien, un Bourgeois de la Ville lui amena sa fille âgée de dix ans, & qui étoit muette de naissance, demandant avec beaucoup de foi qu'il lui déliât la langue. Il voulut s'en excuser & s'en décharger sur les deux autres Evêques qu'il estimoit plus saints que lui; les deux Prélats se joignirent au Pere de la fille & l'obligerent par une violence pleine de respect d'accorder la demande qu'on lui faisoit avec tant de confiance. Ne pouvant resister à leurs instances, il fit retirer la foule du peuple, ne retint que les Evêques, le Prêtre Evagre & le pere de la fille. Il se prosterna à son ordinaire pour prier, prit ensuite un peu d'huile qu'il benit, après avoir fait l'exorcisme, en versa quelques gouttes d'une main dans la bouche de la fille en lui tenant la langue de l'autre, il lui commanda de lui dire le nom de son pere; elle obeït sans begayer. Le pere transporté de joye embrassa les genoux du Saint, protestant que c'étoit la première parole qu'il eust jamais entenduë de sa fille.

On ne finiroit point si on vouloit rapporter tous les miracles qui se trouvent dans les Auteurs qui les ont recueillis. Dieu lui avoit aussi accordé le don de Prophétie ; ayant prédit au tyran Maxime que s'il alloit en Italie faire la guerre à Valentinien, il seroit victorieux d'abord, mais qu'il périroit peu de tems aprés. Il prédit à l'âge de quatre-vingt-un an la fin de sa vie, & en avertit ses freres. Etant allé à Candes pour appaiser un different qui étoit survenu entre les Ecclesiastiques de cette Paroisse, qui est au confluent de la Loire & de la Vienne ; l'affaire étant terminée, il fit assembler tous ses Disciples, & leur déclara que le tems de les quitter étoit venu. Les cris qu'ils jettérent & les larmes qu'ils répandirent, marquoient assez la grandeur de leur affliction ; ils lui parlérent comme s'ils l'eussent cru le maître de sa vie & de sa mort, & le conjurérent de ne les pas abandonner : il en eut le cœur attendri ; puis s'addressant à notre Seigneur, il lui dit ces paroles dignes de l'admiration de tous les siécles : *Si je suis encore nécessaire à votre peuple, je ne fuis point le travail, que votre Volonté soit faite.* Notre Saint se trouvant également disposé à servir Dieu sur la terre ou à joüir de lui dans le ciel, a fait voir que la vraye grandeur d'ame consiste dans une parfaite soumission à sa volonté.

Dieu content d'une si généreuse disposition, en alloit faire un nouveau sujet de récompense. Sa fiévre ayant redoublé, ses Disciples qui avoient peine à le voir étendu sur la cendre, couvert de son cilice, le priérent de souffrir au moins qu'on le mist sur une paillasse. Il leur répondit qu'un Chrétien devoit mourir sur la cendre, & qu'il seroit coupable s'il leur donnoit un autre exemple. En cet état il avoit les mains & les yeux vers le Ciel, l'esprit appliqué à la priére sans relâche ; les Prêtres qui étoient accourus en foule le voyant toûjours sur le dos, le priérent de trouver bon qu'on le retournast pour le soulager ; mais il les pria de lui laisser regarder le Ciel plûtost que la terre, afin que son Corps même ne perdist pas de vûë le chemin que son Ame alloit faire vers son Seigneur. Il ne parla plus que pour chasser le démon, qui s'étoit mêlé avec les Assistans. Dés qu'il eut rendu son Ame à Dieu, son visage parut plus brillant que la lumiere, ses membres aussi frais que ceux d'un enfant de sept ans, & l'on eust dit que son Corps eust acquis déja les qualités des Corps ressuscités & glo-

DE SAINT MARTIN.

lieux. Il mourut à Candes le Dimanche sur le minuit le 8. Novembre, & fut enseveli l'onziéme l'an 397. aprés 26. ans d'Episcopat.

Les Habitans de Tours vinrent enlever son Corps malgré la résistance de ceux du Poitou ; il est demeuré à Tours jusqu'au tems que la fureur des Normans contraignit les Chanoines de S. Martin de le transporter dabord à Cormery, de-là à Orleans, & enfin à Auxerre, où il a demeuré trente & un ans. Le peuple & le Clergé députérent à Auxerre pour redemander le Corps de leur Patron. Sur le refus que l'Evêque en fit, Ingelger Comte de Gatinois assiégea l'Eglise de S. Germain avec six mille hommes, demanda en cet état le Corps du Saint à l'Evêque qui n'osa le refuser ; il s'est toûjours conservé à Tours jusqu'au 16. siécle que les Huguenots le mirent en cendre, de sorte qu'il ne se trouve presque plus de Reliques de ce Saint, que celles qui s'étoient distribuées avant cet accident.

Fin de l'Abrégé de la Vie de S. Martin.

PRIVILEGE DU ROY.

LOüis par la grace de Dieu, Roi de France & de Navarre, à nos amez & feaux Conseillers, les gens tenans nos Cours de Parlement, Maître des Requêtes ordinaires de notre Hotel, Grand Conseil, Prevost de Paris, Baillifs, Senechaux, leurs Lieutenans Civils & autres nos Justiciers qu'il appartiendra, Salut. Le sieur * * * nous ayant fait supplier de lui accorder nos Lettres de Permission pour l'impression de *l'Office de saint Martin Archevêque de Tours, tiré de l'Ecriture Sainte, selon l'usage du Breviaire de Sens.* Nous lui avons permis & permettons par ces presentes, de faire imprimer ledit Livre en telle forme, marge, caractere & autant de fois que bon lui semblera, & de le faire vendre & debiter par tout notre Royaume pendant le temps de quatre années consecutives, à compter du jour de la datte des presentes; faisons deffense à tous Imprimeurs, Libraires & autres personnes de quelque qualité & condition qu'elles soient, d'en introduire d'impression étrangere dans aucun lieu de notre obeïssance ; à la charge que ces presentes seront enregistrées tout au long sur le Registre de la Communauté des Imprimeurs & Libraire de Paris, & ce dans trois mois de la date d'icelles; que l'impression dudit Livre sera faite dans notre Royaume & non ailleurs, en bon papier & en beau caractere conformément aux Reglemens de la Librairie; & qu'avant que de l'exposer en vente il en sera mis deux exemplaires dans notre Bibliotheque publique, un dans celle de notre Château du Louvre, & un dans celle de notre tres-cher & feal Chevalier Chancelier de France le sieur Phelippeaux Comte de Ponchartrain Commandeur de nos Ordres; le tout à peine de nullité des presentes : du contenu desquelles vous mandons & enjoignons de faire joüir l'exposant ou ses ayant cause, pleinement & paisiblement, sans souffrir qu'il leur soit fait aucun trouble ou empêchement : Voulons qu'à la copie desdites presentes qui sera imprimée au commencement ou à la fin dudit Livre, foi soit ajoutée comme à l'original : Commandons au premier nôtre Huissier ou Sergent, de faire pour l'execution d'icelles tous actes requis & necessaires, sans demander autre permission, & ce nonobstant clameur de Haro, Charte Normande & Lettres à ce contraires; CAR tel est no-

tre plaifir : donné à Verfailles le vingt-fi-
xiéme jour du mois de Juin, l'an de grace
mil fept cens douze, & de notre regne le
foixante & dixiéme.
PAR LE ROY EN SON CONSEIL,
DE SAINT HILAIRE.

Il est ordonné par Edit de Sa Majefté
de 1686. & Arreft de fon Confeil, que
les Livres dont l'impreffion fe permet
par chacun des Privileges, ne feront ven-
dus que par un Libraire ou Imprimeur.

*Regiftré fur le Regiftre N° 514. de
la Communauté des Imprimeurs & Libraires de Paris, page 474. N° 519. conformément aux Reglemens, & notamment
à l'Arreft du 13. Aouft 1703. A Paris
ce treziéme jour du mois de Juillet 1712.*
L. JOSSE *Syndic.*

De l'Imprimerie de J.-B.-C. BALLARD.

www.ingramcontent.com/pod-product-compliance
Lightning Source LLC
Chambersburg PA
CBHW071931160426
43198CB00011B/1356